GERARD VAN DER LEM

Mijn jaren met Louis van Gaal, Pep Guardiola, José Mourinho en andere wereldsterren

Edwin Struis

Gerard van der Lem

Mijn jaren met Louis van Gaal, Pep Guardiola, José Mourinho en andere wereldsterren

INSIDE

Omslagontwerp: Loudmouth, Utrecht
Typografie: Crius Group, Hulshout

ISBN 978 90 488 4728 0
ISBN 978 90 488 4729 7 (e-book)
NUR 489

www.overamstel.com

OVERAMSTEL
uitgevers
Inside is een imprint van Overamstel uitgevers bv

Inhoud

Voorwoord

Rechtdoorzee en loyaal

Je kunt verschillende tonen aanslaan zonder uit de toon te vallen. Dat is misschien wel de essentie van de samenwerking die ik als trainer had met Gerard van der Lem. In de diversiteit van onze persoonlijkheden zat naar mijn smaak de essentie van het succes dat onze combinatie opleverde. Gerards andere inzichten, andere benadering en andere manier van uiten, zorgden voor een mooi evenwicht in de vorming en begeleiding van de teams die wij op verschillende momenten en onder afwijkende omstandigheden onder onze hoede hadden, met uiteraard het succesvolle Ajax dat tussen 1991 en 1997 de voetbalwereld veroverde, als meest tot de verbeelding sprekend voorbeeld.

Ja, Gerard en ik, we zijn anders. Op veel gebieden wijken we van elkaar af, maar tegelijkertijd hebben wij ook onze overeenkomsten. En dan doel ik niet alleen op het feit dat wij zowel Amsterdammer zijn als van dezelfde generatie, maar vooral op een gelijke visie op voetbal en de beleving van ons vak. Dat merkte ik al op de Cursus Betaald Voetbal waar wij samen in de schoolbanken zaten. Toen al voorzag ik een passende combinatie. Het klonk wellicht voorbarig, maar ik zei tegen hem: 'Gerard, wanneer ik ooit een grote club ga trainen, zou ik jou als mijn assistent nemen.'

Het komt erop neer dat het cruciaal is dat een trainer en zijn staf complementair zijn. Alleen zo haal je het beste eruit, want wanneer iedereen op een en dezelfde manier denkt en doet, gaat dat ten koste van de progressie binnen het teamproces. Weerstand, verschil van mening, een andere kijk op de zaak in zowel begeleidend als technisch-tactisch opzicht zijn vruchtbaar en dus noodzakelijk!

Gerards onvervalste Amsterdamse humor en in een vlotte babbel gevatte directheid kon hij in zijn positie voortreffelijk hanteren, om, met die andere toon, spanning weg te halen waar die te veel werd, of juist een scherp accent te plaatsen. Rechtdoorzee en loyaal. Zo'n assistent is goud waard en bovendien was Gerard niet vies van hard werken. Er waren jaren, in het begin van ons Ajax-avontuur, waarin hij niet alleen trainer was bij het eerste elftal (en dat is al een zeer intensieve job) maar ook nog coach van Jong Ajax! Hij maakte lange dagen, de weken zaten vol met werk, maar onveranderd deed hij dat op een even gepassioneerde als opgewekte manier, waarmee hij vaak de stemming binnen de groep positief beïnvloedde.

Natuurlijk zorgden verschil van inzicht, de andere mening over hoe een situatie op te lossen, weleens voor discussie.

Dat heeft ook te maken met de factor persoonlijkheid, karakter, iets waar wij beiden voldoende van hebben, dacht ik zo. Meestal kwamen wij er wel uit, slechts bij uitzondering bleven de geesten gescheiden, maar een afwijkend inzicht ondermijnde nooit het wederzijds respect voor elkaars vakmanschap. Laat ik het duidelijk stellen: over dat vakmanschap van Gerard van der Lem bestaat geen twijfel, terwijl hij als mens uit het beste hout gesneden is, een eigenschap die ik nog hoger aansla dan professionele kunde.

Met genegenheid kijk ik terug op de jaren waarin wij met onze verschillende tonen mooie muziekstukken wisten te componeren, en ik ben gelukkig en trots dat Gerard van der Lem en ik daarin geslaagd zijn. Nog blijer ben ik met de vriendschap van een collega met een hart van goud.

Louis van Gaal

Hoofdstuk 1

Verliefd op Eusébio

Zie dat 9-jarig jochie daar staan, aan de rand van het veld. Het is 2 mei 1962, het oog van de voetbalwereld is gericht op Amsterdam. Daar maken de twee grootmachten Real Madrid en Benfica uit wie zich het beste voetbalteam van Europa mag noemen. De Portugese kampioen is regerend Europa Cup I-winnaar, en achter de naam van de Spaanse uitdager staan al vijf overwinningen in het kampioenenbal.

Naast de locatie (Olympisch Stadion) en de scheidsrechter (Leo Horn) zijn ook de ballenjongens van Nederlandse makelij: de net vijftien jaar geworden Johan Cruijff is een van hen, net als Gerard van der Lem. Officieel is Gerard nog lid van AVV Fit, een buurtcluppie uit Amsterdam-Oost, maar de krullenkop mag het seizoen erop de kleuren dragen van de grote buurman uit de Watergraafsmeer.

De pingelaar heeft zich in de kijker gespeeld tijdens een competitieduel met Ajax en is gevraagd om de overstap te maken naar de velden van Voorland, waar traditiegetrouw de

Ajax-jeugd wordt klaargestoomd voor het grote werk. Door de trainers en de leiders wordt vaak naar het aanpalende stadion De Meer gewezen. 'Als je daar komt te spelen, heb je het gemaakt,' zo krijgen de pupillen en junioren regelmatig te horen. Met ingang van het seizoen 1962/1963 is Van der Lem een van hen.

Maar eerst is er dus die finale van de Europa Cup voor landskampioenen, zoals de voorloper van de Champions League officieel heet. Aan de rand van het veld kijkt Van der Lem in het met 65.000 supporters volgepakte Olympisch Stadion z'n ogen uit. 'Mijn vader was fan van Real Madrid. De namen van Alfredo Di Stéfano, Ferenc Puskás en Francisco Gento sprak hij met respect uit. Dat waren in die tijd de grote sterren, te vergelijken met Lionel Messi en Cristiano Ronaldo nu.'

Niet spelend in het gebruikelijke smetteloze wit, maar in het blauw, zijn de Spanjaarden ook nu weer de grote favoriet voor de titel. In no time staat Real met 2-0 voor, via twee goals van Puskás, waardoor de strijd meteen beslist lijkt. José Águas en Domiciano Cavém trekken de stand echter gelijk, waarna nog voor rust de gevluchte Hongaar Puskás zijn hattrick vol maakt.

'En toen kwam vlak na rust de bal mijn kant op gerold,' herinnert Van der Lem zich als de dag van gisteren. 'We hadden allemaal een plaats toegewezen gekregen van de leider, we mochten de bal pas pakken als die echt bij ons in de buurt was. En het was ook niet de bedoeling dat we er allemaal achteraan gingen rennen. Real stond 3-2 voor, de bal komt mijn kant op, ik raap 'm op, kijk weer omhoog en staar zo in het gezicht van Eusébio, de spits van Benfica. Ze stonden achter, dus hij wilde graag de bal hebben, maar hij bleef heel kalm. Hij was niet agressief, had niet zoiets van: kom op met die bal. Nee, hij bleef rustig wachten totdat ik de bal in zijn armen stopte. Hij lachte naar me, prevelde nog wat, ik kon niet verstaan wat, met de kennis van nu waarschijnlijk iets in de trant van *obrigado*, en hij ging verder met ingooien. Vanaf dat moment was ik verliefd op Eusébio.'

Met twee goals achter zijn naam legt zijn nieuwe, pas 20-jarige held een stevig fundament onder zijn toekomstige status als topspits. Vijfvoudig winnaar Real wordt in een spektakelstuk met 5-3 verslagen. In huize Van der Lem is pa niet te genieten. 'Ik probeerde m'n vader aan het verstand te brengen hoe goed Eusébio was, maar hij was alleen maar chagrijnig vanwege de nederlaag van Real. Ik ging slapen met een brede glimlach om de lippen.'

Hoofdstuk 2

Drama in de Kleine Wittenburgerstraat

Gerard van der Lem, van 15 november 1952, groeit op in Wittenburg, een van de drie Oostelijke Eilanden in Amsterdam, ingeklemd tussen Kattenburg en Oostenburg. Een volksbuurt à la De Jordaan. Waar de vrouwen uit de ramen hangen om met elkaar een praatje te maken. 'En zaterdag kwam de orgelman in de straat,' vertelt Van der Lem. 'Een echte arbeiderswijk. Niemand had het breed, maar we hadden elkaar. We woonden in de Kleine Wittenburgerstraat, aan de overkant zat bakker Gabriëls. Dan riep ik naar boven of ik een krentenbol mocht halen, dan gooide m'n moeder een stuiver naar beneden. Dat kon niet altijd, bij ons moesten de eindjes aan elkaar worden geknoopt. Er was nooit geld voor iets. Beneden hing zo'n gasmeter, daar moest je speciale muntjes voor kopen, maar op een stuiver werkte dat ding ook. Maar dan kwam zo'n kerel hem legen en moest het alsnog betaald worden. Als hij aanbelde, wilde m'n moeder niet dat ik de deur opendeed.'

Buiten de uren die Van der Lem doorbrengt op lagere school De Parel, verderop in de straat, speelt het leven zich voornamelijk op straat af. 'We waren met vriendjes de hele dag aan het ravotten, we zagen elkaar bijna dagelijks, tot in de vakantie aan toe. We hadden het geluk dat mijn opa van moeders kant een timmerman was. Die had een houten strandhuisje gemaakt met een zeil als dak. Stonden we 's zomers tweeënhalve maand bij Helios, op het Zandvoortse strand. Af en toe mocht er ook een vriendje komen. Dat was één groot feest.'

De band met de vriendengroep is altijd hecht gebleven. 'Op de eerste vrijdag in juni houden we elk jaar een reünie van de kleuterschool, dat zegt genoeg. Weet je wie er dan ook altijd is? Henk ten Cate, die kwam van Kattenburg. Daar voetbalde ik altijd mee. Hij was het eerste jongetje met een kleurtje in de buurt, daar werd hij weleens mee gepest. Ik nam 'm altijd in m'n team, want hij kon aardig voetballen. Vaak hadden we niet eens een bal, speelden we met proppen papier, bij elkaar gehouden met elastiek. We hadden niks en toch waren we gelukkig.'

Gerards vader, die ook Gerard heet, heeft samen met zijn broer een duikbedrijf. Vanaf een ponton duikt pa Van der Lem het IJ in om bijvoorbeeld goederen van een gezonken schip boven water te halen. 'Dat ging nog op zo'n ouderwetse manier, in zo'n pak met loden schoenen eronder. Erbovenop werd zo'n grote glazen helm geschroefd. Ik mocht weleens mee, moest ik aan een wiel draaien zodat m'n vader van zuurstof werd voorzien. Op zijn vrije zaterdag ging mijn vader per roeiboot naar de kolenschepen in het IJ. Viste hij de kolen op die van de boten af vielen. Zo verdiende hij wat bij. Dat had hij in de oorlog ook al gedaan, waardoor heel veel mensen in onze buurt van warmte werden voorzien. En wat pa overhad aan kolen ruilde hij voor eten met de boeren in de polder. Zo zijn aardig wat gezinnen de Hongerwinter doorgekomen. Dat duiken was zwaar werk, later kreeg hij veel last van z'n rug. Toen is-ie in de bouw gaan werken. Maar dat kolenscheppen bleef hij er altijd naast doen. Dat was zijn extraatje.'

Moeder Cato, roepnaam To of Tootje, komt uit een communistisch nest. 'Ze droeg vaak een jasje waarop haar moeder een hamer en een sikkel had genaaid. Na m'n achttiende moest ik van haar altijd CPN stemmen of minimaal PvdA. Dat deed ik dan juist niet. Ze had twee banen. Ze bracht koffie rond op een advocatenkantoor en maakte schoon bij het revue-café Saint-Germain-des-Prés op het Rembrandtplein. Dat was een beroemde uitgaansgelegenheid waar onder anderen Dorus optrad met meneer Cor Steyn.'

Van der Lems jeugd wordt overschaduwd door een drama dat plaatsvindt in april 1954. 'Mijn zusje Corrie was op een dag aan het spelen in onze straat, een week voor haar tiende verjaardag. Haar bal rolde onder een vrachtwagen en daar kroop ze onder om die te pakken. Op dat moment stapte de chauffeur in en reed weg, zo over haar heen. Ze was op slag dood. Vanachter ons raam heeft m'n moeder het allemaal zien gebeuren en werd gek. Het is dat ze mij had en dat ze in verwachting was van mijn broertje, anders had ze het gas opengezet. Dat heeft ze later weleens gezegd: dat ze eigenlijk niet verder wilde leven. Dat drama heeft een zware wissel getrokken op het gezin, maar ik heb altijd respect gehad voor m'n moeder. Een kind verliezen – iets ergers kun je je toch niet voorstellen?'

Hoewel Van der Lem geen herinneringen heeft aan zijn zus – ten tijde van het drama is hij pas anderhalf jaar oud – speelt Corrie later wel degelijk een rol in zijn leven. 'Ze heeft me herhaaldelijk gewaarschuwd voor dingen. Ik reed op een dag in de auto achter een vrachtwagen, op een afrit bij Diemen. Ik wilde 'm inhalen, totdat het leek alsof ik aan m'n arm werd getrokken. "Niet inhalen," zei een vrouwenstem. Dat moet Corrie geweest zijn. Ik haalde niet in. En nog geen seconde later begon die wagen te scharen en schoof zó de vangrail in, met zowel de voor- als de achterkant. Als ik naast 'm had gezeten, was ik compleet kansloos geweest. Later ben ik nog eens naar zo'n avond geweest waarop een vrouw contact legde met overledenen. Toen kreeg ik ook de bevestiging dat Corrie me behoedde voor verkeerde dingen. Ik moest niet verdrietig zijn, ze was gelukkig waar ze nu was, kreeg ik te horen. Ik sta vrij nuchter in het leven, met een licht cynische inslag, maar dat heeft me wel geraakt.'

Hoofdstuk 3

Weggestuurd bij Ajax

Terwijl het vlaggenschip van Ajax het niet makkelijk heeft midden jaren zestig – in 1965 eindigt de club zelfs als dertiende in de eredivisie – doorloopt Van der Lem bijna fluitend de jeugdopleiding. Elk seizoen weer handhaaft hij zich met gemak in het hoogste elftal van zijn lichting. Per fiets overbrugt hij viermaal per week de afstand tussen Wittenburg en de Middenweg. Na de verhuizing op z'n twaalfde naar het Sumatraplantsoen in Amsterdam-Oost komt hij nog dichter bij De Meer te wonen. Hoewel zijn vader als DWS-fan niet staat te springen dat hij bij Ajax gaat voetballen, heeft Van der Lem nooit spijt gehad van zijn overgang. 'Toch heb ik nooit zoiets gehad van: zie mij nou bij Ajax voetballen. Ik weet nog goed, je kreeg zo'n blauwe sporttas met de letters van Ajax erop. Als ik in de tram zat na een training of wedstrijd dan schaamde ik me er zelfs een beetje voor; draaide ik de tas met de letters naar de binnenkant. Terwijl die Amsterdamse bluf er wel bij hoorde. Wie doet ons wat, dat was Ajax.

Met die uitstraling stond je voor het begin van de wedstrijd al met 1-0 voor.'

Dat uitgangspunt betekent niet dat Ajax de wedstrijden op halve kracht wint. 'Nee, je kreeg elke week weer volle weerstand. Want ja, ze speelden tegen Ajax. Iedereen wil van je winnen, daar groei je mee op. Dat is van buiten de club, erbinnen heerst de moraal van het moeten winnen; zo niet, dan heb je het idee dat er de hele week met dedain naar je wordt gekeken. Zo van: ach gut, daar lopen de stakkers die verloren hebben. Dat is Ajax. Als je met 7-1 won, ging de hele nabespreking over die ene tegengoal, hoe die voorkomen had moeten worden. De lat wordt intern ontzettend hoog gelegd. Het klinkt raar, ik ben best een gevoelig iemand, maar ik heb er nooit last van gehad. Ik kon het zo van me afzetten. Euforie of droefenis, het deed me niets. Ik had helemaal geen last van druk.'

Het grootste voordeel van lid zijn van de Ajax-familie? Van der Lem hoeft daarover niet lang na te denken. 'Je ging met Ajax altijd naar grote toernooien in binnen- en buitenland. Tegenwoordig gaan ze naar Azië of Amerika, wij gingen naar Ludwigshafen of Belgrado. Ik kan me ook nog een toernooi herinneren in San Siro. Gingen we naar Milaan met het vliegtuig. Dat was wat, hoor. Ik was een jaar of veertien, bij ons in de familie had nog nooit iemand gevlogen. Ik was best nerveus in het vliegtuig, een zakenman met een grote sigaar in de mond stelde me gerust. Toen ik terugkeerde, kwam de hele familie bij elkaar. Moest ik uitleggen hoe dat was in zo'n vliegtuig.'

Hoewel hij jaar na jaar een plaatsje krijgt in de hoogste jeugdteams, heeft Van der Lem niet het gevoel dat hij een buitengewone speler is. 'We waren natuurlijk allemaal aardige pingelaars en dribbelaartjes, maar in elk elftal waarin ik speelde, liepen betere voetballers rond. Er zaten een hoop kinderen tussen uit gegoede families. Die werden per Mercedes met chauffeur afgezet in De Meer, en die bleef wachten tot ze weer klaar waren. Pim van Dord, Gerrie Kleton en ik kwamen altijd op de fiets, net als onze ouders als ze kwamen kijken. Het zal wel toeval zijn, maar van onze lichting zijn wij drieën de enige spelers die het betaald voetbal hebben gehaald. Van de rest hebben we nooit meer iets vernomen.'

Terwijl Van Dord en Kleton in een rechte lijn op hun doel afstevenen, gebruikt Van der Lem een fikse omweg. Vlak voordat hij de stap naar de A-selectie kan zetten, raakt hij in conflict met Bobby Haarms, de trainer van de A1. 'Die gooide me uit het elftal, en daar had ik het zelf naar gemaakt,' klinkt het ook jaren na dato nog schuldbewust. 'Ik werd in die periode steeds lastiger voor m'n omgeving. Ik had altijd bonje met m'n vader, op de Van Deventer-mulo spijbelde ik om de haverklap en ook bij Ajax ging het mis. Ik had problemen met gezagsverhoudingen, kon niet tegen onrecht of autoritair gedrag. Dat is de rode draad geworden in mijn leven. Later heb ik er met Bobby nog smakelijk om gelachen toen we samen in de trainersstaf van Ajax zaten, maar op het moment zelf kon ik hem wel schieten – en hij mij. Vooral zijn irritatietrainingen werkten me op m'n zenuwen, wat ook precies de bedoeling was. Daarin werd getest of je wel om kon gaan met tegenslag, met oneerlijkheid ook. Dan keurde Haarms een zuivere goal van ons af, en dan kwam ik in opstand. Weigerde ik verder te spelen, ging ik lopen muiten, ja, dat vinden trainers niet leuk. Dat ondermijnt hun gezag. Dat ging van kwaad tot erger, ik was eigenlijk niet meer te handhaven. Dus werd ik teruggezet naar de A2. Daar moest ik gaan vlaggen. Zo wilden ze me klein krijgen, alleen lukte dat niet. Ik weigerde te buigen, blufte dat ik weg wilde. Stiekem hoopte ik dat ze me zouden willen houden, maar ik had m'n hand overspeeld. Ze hadden er geen enkel probleem mee. Daar stond ik dan met m'n tas op de Middenweg, m'n droom knalde finaal in duigen. In eerste instantie wees ik Bobby Haarms aan als schuldige, maar ik kon niemand iets verwijten. Het lag volledig aan mezelf.'

Hoofdstuk 4

Gezagsverhoudingen

Terwijl Kleton en Van Dord aansluiten bij het eerste elftal, druipt Van der Lem teleurgesteld af. Hij probeert het plezier terug te vinden bij Zeeburgia, dat tweede klasse KNVB speelt, destijds het een-na-hoogste amateurniveau. 'Stond ik als jochie van achttien tussen volwassen kerels. Ik had bij Ajax een keer meegedaan bij het tweede met Arie Haan en Johan Cruijff, maar dit was andere koek. Ik kwam gelukkig wel in het eerste en heb daar het hele jaar gespeeld. Aan het eind van dat seizoen vroeg Tonny Bruins Slot of ik bij FC Amsterdam wilde voetballen, de net opgerichte fusieclub van DWS en Blauw-Wit, waar later De Volewijckers nog bij aansloot. Maar dat zag ik niet zo zitten. Toen ik met een vriend in een Zandvoortse discotheek was op een vrijdagavond, kwam er een man in een regenjas binnen. Hij leek wel een agent. Hij liep naar de dj, de muziek werd gestopt en er werd gevraagd of ene Gerard van der Lem in de zaak was. "Bent u van de politie?" vroeg ik, "ik heb niks gedaan, hoor." "Nee, ik ben

Joop Brand, trainer van HFC Haarlem." Hij vroeg me of ik de dag erop mee wilde naar een toernooi in Den Haag. Als m'n vriend George mee mocht, wilde ik dat wel. "Heb je schoenen?" vroeg Brand. Ja, die had ik. Hij zou voor de rest zorgen. Dus de ochtend erop stond ik om acht uur met George bij het Haarlem-terrein. We reisden naar Den Haag, ze speelden vijf potjes van een halfuur en ik zat tweeënhalf uur op de bank. Geen minuut gespeeld. Of ik de dag erop ook weer beschikbaar was? "Wat dacht u zelf?" zei ik tegen Brand. Die kon lekker de pleuris krijgen. FC Utrecht informeerde ook nog, maar ik bleef lekker bij Zeeburgia.'

In de zomer van 1973 doet Tonny Bruins Slot weer een poging om Van der Lem los te weken bij Zeeburgia, en nu hapt de rechtsbuiten wel toe. Het doorslaggevende argument: de roemruchte FC Amsterdam-voorzitter Dé (Dingeman) Stoop beschikt over goede contacten bij Defensie. 'En die kon ik goed gebruiken, want ik zat inmiddels in militaire dienst. Vreselijk was dat, zeker voor iemand die grote moeite had met bepaalde gezagsverhoudingen.'

Van der Lem maakt zijn officieuze debuut bij FC Amsterdam op het vermaarde Pinkstertoernooi dat Blauw-Wit sinds 1934 organiseert. 'Met m'n brommertje kwam ik aanrijden bij het bijveld van het Olympisch Stadion. Het zag zwart van de mensen. Het was de bedoeling dat ik in het tweede elftal zou spelen; ik kreeg een contract van 400 gulden bruto per maand, plus 400 gulden onkostenvergoeding. Maar op dat toernooi zat alles mee. Nico Jansen stond in de spits, ik ernaast als rechtsbuiten, het liep als een zonnetje. Op vrijdagavond wonnen we van Ajax, waar ik twee jaar eerder was weggestuurd. Wat waren ze ziek, en maar vloeken en tieren. In de finale scoorde ik twee keer tegen, ik meen tegen Brighton, dat overigens nog wel won in de verlenging, maar ik had wel naam gemaakt. Ik weet nog dat Henk Spaan in *Het Parool* schreef dat ik voorzetten produceerde waar niemand bij kon, van de tegenpartij althans.'

Hoofdtrainer Pim van de Meent ziet dat er goud rondloopt in het tweede elftal. 'Een dag na de finale kwam hij naar me toe. "Op 1 juli beginnen we weer met trainen, je bent hierbij uitgenodigd." Prachtig natuurlijk, alleen jammer dat ik wel een vakantie had geboekt met vrienden; op 7 juli zou ik pas terugkomen. Dus dat zei ik tegen Van de Meent. "Oké, dan kun je je in de derde week melden bij het tweede." Ik heb even overlegd met m'n maten, zag toch wel in dat ik deze kans moest grijpen. Diezelfde avond belde ik Van de Meent terug met de mededeling dat ik 1 juli van de partij zou zijn. "Heel verstandig jongen," zei hij.'

Op de eerste trainingsdag kijkt hij zijn ogen uit. De reden: hij zit in één ruimte met spelers die hij vroeger bewonderend vanaf de tribune gadesloeg. 'Vanaf m'n tiende moest ik verplicht de thuisduels van Ajax bijwonen, stonden we met elkaar op de Amsterdam-zijde in De Meer en dan kwam de leider controleren of iedereen er was. Zo niet, dan speelde je de week erop niet. Maar als Ajax uit speelde, gingen m'n vader en ik vaak naar het Olympisch Stadion met de tram.

Hij kocht dan een kaartje van een rijksdaalder, vroeg aan de steward of-ie het ticket niet wilde afscheuren waarna hij het door het hek weer aan mij gaf. Zo kwam ik binnen. Even later zaten we dan op de tribune bij DWS. Die werden in 1963 kampioen van de eerste divisie en het jaar erop van de eredivisie. Onvoorstelbaar, toch? En nu zat ik me als 20-jarige om te kleden tussen iconen als Jan Jongbloed en Frits Flinkevleugel. Frits had al in Oranje gespeeld, Jan was een van de beste keepers van het land. Ik had twee paar schoenen opgehaald bij Smit-Cruyff aan de Elandsgracht. Gratis gehad van de club, daar was ik groots mee. Zou m'n droom om profvoetballer te worden dan toch nog uitkomen? Zo keek ik rond in de kleedkamer. Ik had me ook voorgenomen om niks bijdehands te zeggen, om vooral te luisteren.'

Van der Lems zelfbeheersing wordt meteen op de proef gesteld als naast hem een speler opstaat die later enige naam zou verwerven als presentator van spelshows als *Hints* en *Boggle*. 'Naast me rees zo'n groot wit lijf op, met een al even witte Hollandia-onderbroek eronder. Of ik voor hem even zijn schoenen kon pakken. FK stond erop, Frank Kramer. Rustig blijven, dacht ik, niks zeggen. Ik ging gewoon door met omkleden, hopelijk vergat-ie het. Tikte hij op m'n schouder. "Heb je me nou gehoord? Pak effe m'n schoenen." Waarop Frits Flinkevleugel opstond, en die ging me toch tekeer tegen die Kramer. "Jij vieze, vuile melkfles dat je bent." En toen tegen mij: "Jij hoeft voor niemand die schoenen te pakken, ook niet voor mij. Alleen voor jezelf." Dus ik keek

Frank Kramer aan en zei: "Je hoort het hè, pak ze zelf maar." Ik zag de berusting bij Kramer. Flinkevleugel was een autoriteit, daar ging je niet mee in discussie.'

Waarschijnlijk ziet Frank Kramer de bui dan al hangen, want vanaf het eerste competitieduel met PSV staat op zijn positie niet de toekomstige commentator van Eurosport opgesteld als rechtsbuiten, maar Van der Lem. 'Dat vond-ie vreselijk, want hij kon best aardig voetballen. Maar hij kwam niet verder dan wat invalbeurtjes. Ik kan me nog een wedstrijd tegen NEC herinneren. Sije Visser had me helemaal murw geschopt, ik kon amper nog lopen. Ik maakte het wisselgebaar naar de bank waarna Van de Meent Kramer liet warmlopen. Even later strompelde ik het veld af, had m'n veters al los en de scheenbeschermers al uit. Hoorde ik kabaal vanuit de dug-out. "Waar is die Kramer nou?" schreeuwde Van de Meent naar Tonny Bruins Slot. Niemand kon 'm vinden. Wat bleek nou? In De Goffert had je destijds een stenen trap naar boven die naar de kleedkamers leidde. Daar hing in de buurt ook een munttelefoon. Toen ik het veld verliet, stond Kramer doodleuk z'n moeder te bellen. Dat ze de radio aan moest doen omdat hij ging invallen. Even later liep-ie weer naar beneden, waar een razende Van de Meent hem op stond te wachten. "Vuile imbeciel, flikker op, mongool." Die Van de Meent kon vloeken, hoor, het schuim stond op z'n bek. Hij stuurde mij gewoon het veld weer in. Typische Kramer-actie ook. Die had altijd wat.'

Bij FC Amsterdam kan Van der Lem zich uitleven als

rechtsbuiten. Meeverdedigen wordt van hem niet verwacht. Of, om het in de woorden van Frits Flinkevleugel samen te vatten: 'Je bent aanvaller dus je gaat aanvallen. Als je één stap doet op je eigen helft schop ik je hoogstpersoonlijk de middenlijn weer over.' Van der Lem: 'Met Abe van den Ban, Leen van de Merkt en Chris Dekker stonden er middenvelders achter me met longen als paarden. Die liepen alle gaten dicht. Zelf moest ik het vooral van mijn voorzetten hebben, strak of draaiend, ze kwamen bijna altijd op de goede plek. Hoe ik het deed, wist ik zelf niet eens, maar ik legde ze panklaar neer voor Nico Jansen. Zelfs met een mandekker voor me kreeg ik de bal erlangs. En dan precies in het niemandsland tussen verdediging en doelman. Daar had Jansen ze het liefst, die ging het duel met de keeper nooit uit de weg. Die vloog er altijd in, keepers waren doodsbang voor hem.'

Hoofdstuk 5

Uit eten en een BMW

Van der Lem gedijt goed in Amsterdam, waar het clubadagium luidt: 'Humor is het karakter in de ploeg.' In de vorm van een plaquette hangt het bij de ingang van het spelershome. In die zin laat ook eigenaar Dé Stoop zich niet onbetuigd. Want er zullen maar weinig voorzitters zijn die, terwijl de spelers zich voorbereiden op een competitiewedstrijd, de spelersvrouwen meenemen op een trip naar Mallorca. 'Ik kwam elke dag thuis met kramp in de kaken van het lachen. Bij Ajax heerste een topsportklimaat, waar iedereen nors keek als er werd verloren. Bij FC Amsterdam heb ik het andere uiterste meegemaakt. En toch was het allebei betaald voetbal. En zowel in m'n eerste als in m'n tweede jaar versloegen we Ajax. In februari 1975 zelfs met 4-2, in De Meer. En we vonden het doodnormaal. Ruim een maand later, op Tweede Paasdag, vergooide Feyenoord de kampioenskansen tegen ons, wonnen we met 2-1 in De Kuip.'

De humor is van het afzeikgenre, zoals zo vaak in het

voetbal. 'Voor onze thuiswedstrijden aten we vaak een biefstukkie in een restaurant op het Stadionplein. Een fijn lappie vlees, beetje sla, paar patatjes. Werd er door de ober eerst gevraagd hoe wij de biefstuk wilden hebben, om het vlees even later keurig uit te serveren. Was hij net bij de laatste aangekomen, vroeg de eerste, Frits Flinkevleugel: "Ober sorry hoor, maar kan-ie er nog heel effe in?" Ober: "Ja, natuurlijk." Vervolgens Jan Jongbloed: "Die van mij moet ook nog even een tikkie hebben." Ging die man uiteindelijk weer met al die borden naar de keuken. Vielen we van onze stoelen van het lachen. In onze omgeving werd iedereen getest.'

En zelfs tijdens een wedstrijd is de humor nooit ver weg. 'Stonden we flink onder druk in een wedstrijd hoorde je Flinkevleugel tegen Fransz zeggen: "Jan, spitsuur hè? Maar over een uurtje zitten we weer lekker te kaarten in de bus." Zag je die tegenstanders kijken van: waar gaat dit over?'

Uiteraard behoort het in de maling nemen van de trainer ook tot het brede humorrepertoire van de selectie. 'We speelden voor de Intertoto uit tegen Nitra, uit Tsjechoslowakije. Na de wedstrijd mochten we ons nog een uurtje vermaken in een discotheek onder het hotel, de dag erop zouden we vroeg terugvliegen. Na een uur meldden we ons braaf weer in de lobby. Pim van de Meent ging bij de voordeur van de discotheek zitten om te voorkomen dat er spelers terug zouden keren. Zo kon hij zelf ook een drankje nemen. Maar wat hij niet wist was dat we via een sluiproute door de keuken zo weer de discotheek in konden. En hij maar de wacht houden voor die deur en denken dat hij alles onder controle had. Haha, zo ging dat bij FC Amsterdam, maar in het eerste competitieduel versloegen we wel titelfavoriet PSV met 2-1. Zo'n team hadden we. We gingen voor elkaar door het vuur.'

Met Frits Flinkevleugel is de grote gangmaker van de groep al genoemd. Naast zijn voetbalcarrière onderhoudt deze ras-Amsterdammer ook nog een slijterij en een sigarenzaak in de Kinkerstraat. 'Dan hadden we weer eens een wedstrijd gewonnen en dan kwam voorzitter Dé Stoop de kleedkamer in met z'n geruite hoedje op. Aan z'n rode neus zag je dat hij al een borreltje ophad. "Geweldig mannen, ik ben trots op jullie," begon Stoop. Dan liep Frits in z'n blote toges in de rondte, maande iedereen tot stilte en zei: "Dé," – hij zei gewoon Dé tegen de voorzitter – "Dé, zeg nou effe wat je wil zeggen." Dan herhaalde Stoop dat-ie trots op ons was. Maar dat pikte Flinkevleugel niet. "Nee Dé, wat wil je nou echt zeggen? Kom op nou!" Dan kwam het hoge woord eruit: "Oké mannen, dubbele winstpremies." Dan klonk er gejuich en werd Stoop gejonast. Zag je zo dat hoedje door de kleedkamer vliegen. Hij vond het geweldig. Ik ook, want ik kreeg dan 800 in plaats van 400 gulden. Dat was een bedrag, hoor.'

De jonge vleugelspeler maakt snel furore bij de fusieclub. Al tijdens z'n tweede optreden, de uitwedstrijd tegen Ajax op 19 augustus 1973, krijgt hij een groot compliment van de maestro *himself*. 'Het was de laatste wedstrijd van Cruijff voordat hij naar Barcelona vertrok. Ze wonnen dik, maar na afloop hoorde ik Johan tegen Bobby Haarms zeggen dat die

Van der Lem hem positief opgevallen was. Zag ik Haarms wel even wegkijken, haha.'

Een kleine maand later haalt een doelpunt van Van der Lem de uitzending van *Studio Sport*. 'Het was tegen Sparta, in die tijd een aardige subtopper. Ik pikte de bal na een corner van Sparta op aan de rand van het eigen strafschopgebied, ging twee man voorbij en had enkel Venneker nog voor me. Die ging nog aan m'n shirt hangen, maar ik was niet te stuiten. Toen ik bij hun zestien was aangekomen, was ik helemaal kapot. Ik deed m'n ogen dicht, gaf de bal een roei en die sloeg zo binnenkant paal achter Pim Doesburg het doel in. De mensen stonden op de banken, bij *Studio Sport* werd die goal wel drie keer herhaald. Na afloop zei Stoop tegen me: "Dit gaat me geld kosten." Ik begreep die opmerking niet, maar moest later die week even langskomen op zijn kantoor. Werd mijn contract opgewaardeerd van 400 gulden bruto per maand naar 1000 gulden netto. Plus dat ik de wedstrijdpremies van de eerste-elftalspelers zou krijgen.'

Een week later wordt het nog gekker wanneer trainer Van de Meent hem meeneemt naar Asmoco, een BMW-dealer in de buurt van de Berlagebrug. 'Van de Meent reed rond in een oude, lichtblauwe Peugeot 404, waarmee hij overal tegenaan reed. Dus ik dacht dat de trainer een nieuwe auto zou nemen en mij zijn ouwe barrel zou geven. Maar opeens stond ik met de sleuteltjes in de hand van een gloednieuwe BMW 2002 met een prijskaartje van 16.000 gulden. Ik kon m'n oren niet geloven toen de verkoper zei dat die auto van mij was. Het maakte zoveel indruk op me dat ik nog steeds het kenteken weet: 72-AJ-06. Ik kwam uit een milieu waarin we blij waren dat we te eten hadden, dat we kleren hadden, en nu kreeg ik opeens zo'n auto. Een week later haalde ik 'm op met m'n broertje. Toen ik naar huis reed, dacht ik dat iedereen naar me keek met een blik van: jij rijdt in een auto die je niet verdient. Ik durfde er ook niet mee naar huis. M'n vader was na zeven keer afrijden eindelijk geslaagd en had op afbetaling een DAF gekocht, het eerste autootje in z'n leven. Hij werkte zich de pleuris voor ons en dan kwam ik thuis met zo'n bolide. M'n broer wist me ervan te overtuigen dat die ouwe het geweldig zou vinden en dat was ook zo. Hij ging er 's nachts twee keer uit om te kijken of die auto er nog stond.'

De eerste uitbetaling na de contractaanpassing is ook al een feest. 'Elke maand moesten we ons salaris ophalen bij meneer Krook, de penningmeester. Hij betaalde ons vanuit een ijzeren kistje. Waarom dat zo ging, weet ik niet, er bestonden al banken in die tijd. Je moest een velletje papier tekenen waarop precies stond wat je had verdiend. In mijn geval 2000 gulden. Kreeg ik voor het eerst van m'n leven een briefje van duizend in m'n handen. Plus tien briefjes van honderd. Met m'n ouders was ik nog nooit in een restaurant geweest, nu kon ik met m'n vriendin Margot uit eten. En gaf ik m'n moeder 100 gulden aan huishoudgeld.'

Omdat hij zijn ouders een nieuw strandhuisje wil schenken, eentje zonder klapperend zeildak, komt hij wederom op de burelen van Stoop terecht. 'Dat huisje kostte 7000 gulden, maar dat had ik niet. Stoop wel. Die belde de administratie van zijn bedrijf en een kwartier later liep ik met dat geld naar buiten. Het was de bedoeling dat het verrekend zou worden met mijn salaris, maar dat is nooit gebeurd. Stoop vond het geweldig dat ik dat voor mijn ouders deed. Die waren op hun beurt in de zevende hemel.'

Stoop wil vaker te hulp schieten, zeker op het moment dat Van der Lem later in zijn carrière betrokken raakt bij een zwartgeldaffaire bij FC Utrecht. 'Stoop belde me op een dag op, hij zat in het sectiebestuur van de KNVB en had gehoord dat de fiscus flinke boetes had opgelegd aan enkele spelers, onder wie ik. "Gerard, je spreekt met de voorzitter." Haha, ik wist meteen wie ik aan de lijn had. "Meneer Stoop, hoe is het?" "Met mij goed, met jou wat minder, hoorde ik." Hij bood me aan om het bedrag dat ik moest betalen aan de belastingdienst voor te schieten. Ik zou hem dan terugbetalen zonder rente. "Ik wil namelijk niet dat Margootje de dupe wordt van het feit dat jij je in de nesten hebt gewerkt." Het was een genereus aanbod – toch heb ik het niet gedaan. Ik vond dat ik het zelf moest oplossen, dat ik zelf moest bloeden. Hij zei dat ik altijd bij hem kon aankloppen voor hulp. Ik heb in interviews weleens rare dingen over Stoop gezegd, maar die man is altijd goed voor me geweest.'

Zoals hij altijd met weemoed zal terugdenken aan zijn tijd bij de Lieverdjes. 'Jaren later speelde ik in m'n eerste seizoen bij Feyenoord tegen m'n oude makkers van FC Amsterdam. Stond ik tegenover Rob Bianchi en herinnerde ik me al die avonden dat Rob zo mooi piano speelde, terwijl wij aan het kaarten waren. Die kon me een partij spelen, poeh. Doet-ie nu trouwens nog, elke dag een uur. FC Amsterdam stond op degraderen, ik kon het niet over m'n hart verkrijgen om me bovenmatig in te spannen. Als ik de bal had, schoof ik 'm meteen weer af naar een ploeggenoot. Het werd 1-1 en ik had er vrede mee. Zoveel heeft dat cluppie voor mij betekend.'

Hoofdstuk 6

Ziekenautocompagnie

Aan één ding ontkomt Van der Lem begin jaren zeventig niet: de dienstplicht is nog lang niet afgeschaft in Nederland, ook de aanvaller van FC Amsterdam moet in 1972 onder de wapenen. Al op dag één worden de contouren zichtbaar van een moeizame relatie tussen de aanvaller en Defensie. 'Het was de bedoeling dat je de eerste reisgelegenheid nam naar je kazerne, maar zo vroeg wilde ik niet opstaan. Om een uurtje of negen pakte ik pas de trein waardoor ik veel te laat in Kampen arriveerde. Bij het station stond de MP me met twee man in een open jeep op te wachten.'

Na een administratieve opleiding van twee maanden wordt Van der Lem ingedeeld bij de 176ste ziekenautocompagnie in Ermelo. 'Als de oorlog uitbrak, werden wij geacht om achter het front de gewonde soldaten af te voeren. Ik kwam op kantoor te zitten bij majoor Van Toorn die niet alleen legerarts was, maar ook een groot voetbalfan. "Jij voetbalt toch bij FC Amsterdam?" vroeg hij op een dag. Meer aansporing had ik niet nodig. "Als u een wedstrijdje mee wilt pikken met uw zoons, dan regelen we dat." Dus twee weken later zat de majoor pontificaal op de eretribune naar FC Amsterdam-Feyenoord te kijken. Alles geregeld: parkeerplaats, broodje, kopje koffie. Die man vond het schitterend. "Wanneer spelen jullie tegen Ajax?" vroeg hij op maandagochtend. "Geen probleem, majoor, u kunt altijd komen." Het enige wat ik hoefde te doen was één keer per maand zes brownings doorsmeren.' Wanneer hij van Stoop een auto krijgt, wordt het voor Van der Lem nog overzichtelijker. Om half negen op het appèl, om een uur of elf mag hij alweer terug naar Amsterdam om te trainen.

'Dat ging goed totdat ik de auto op de parkeerplek van een kapitein zette. Dat leverde weer een hoop bonje op.' Het wordt zelfs zo erg dat de legerleiding hem een wedstrijd van FC Amsterdam tegen De Graafschap door de neus boort. 'Ik had een sergeant-majoor bij de stropdas gegrepen en gezegd dat ik hem de volgende keer ondersteboven zou rijden. Hij noemde mij 'voetvolk' en dat pikte ik niet. Ik noemde die sergeant-majoor meermalen een imbeciel en vroeg me ook hardop af waarom ik daar mijn tijd aan het verdoen was: "Ik rij 's ochtends hiernaartoe, drink een kopje koffie en rij weer terug. Dat kost me een godsvermogen aan benzine." Toen moest ik voor straf het weekend op de kazerne blijven. Ze wilden me eerst op oefening naar Duitsland sturen, maar daar stak de majoor een stokje voor. Die zag z'n kaartjes voor FC Amsterdam in gevaar komen.'

Na bijna zestien lange maanden militaire dienst krijgt de onwillige Van der Lem zelfs nog een aanbieding om bij te tekenen. 'Ik was inmiddels uitgenodigd voor het militaire nationale elftal van Jan Zwartkruis, de latere bondscoach. Er kwam een WK aan. Als ik voor een jaar zou bijtekenen, zou ik in plaats van 350 gulden per maand 1600 gulden per maand aan salaris krijgen. Ik gleed van m'n stoel van het lachen. "Meneer," zei ik, "al kreeg ik een miljoen. Ik moet hier weg, dit is zo zonde van mijn tijd."'

Hoofdstuk 7

Magie in Milaan

Verlost van het leger, concentreert Van der Lem zich weer op het voetbal. Omdat FC Amsterdam in zijn eerste seizoen als vijfde eindigt in de eredivisie, mogen de Lieverdjes zich in het najaar van 1974 opmaken voor Europees voetbal. In de eerste ronde wordt Hibernians uit Malta in twee thuiswedstrijden simpel verslagen (5-0 en 7-0), maar de volgende horde is van een ander formaat: het grote Internazionale uit Milaan, ruim twee jaar eerder nog Europa Cup I-finalist tegen Ajax. Met sterren als Giacinto Facchetti, Sandro Mazzola en Roberto Boninsegna in de gelederen. 'En dan kwamen wij aan met Abe van den Ban, Theo Husers en Heini Otto. Met een aanvalslinie van gemiddeld 20, 21 jaar. We hadden geen schijn van kans – zo was de heersende opinie. Maar ondertussen hadden we een uitgebalanceerd elftal staan. De oudsten stonden achterin, op het middenveld liepen spelers rond in de kracht van hun leven en voorin mocht de jeugd zich uitleven. Maar het was duidelijk dat Inter ons onderschatte. Van Ajax hadden ze wel allemaal gehoord, van FC Amsterdam nog nooit.'

De voorbereiding op het treffen van 23 oktober 1974 gaat op z'n Amsterdams: licht chaotisch. 'Zoals het altijd ging. Ik kan me nog een wedstrijd tegen FC Twente herinneren. Tien minuten voor we naar buiten gingen voor de warming-up, waren er vier spelers zoek. De toiletten langs, nee, daar waren ze niet. Wat bleek? Ze zaten nog te kaarten in de spelersbus. Zo ging het vaak. De wedstrijd tegen Inter zagen we als een uitje, we waren toch kansloos. We zaten in een hotel aan het Comomeer. Voorafgaand aan de lunch hadden we een paar uurtjes vrij. Jan Fransz, Frits Flinkevleugel en Jan Jongbloed gingen een boottochtje maken over het meer. Maar toen sloeg het weer om. Ze konden niet terug, hebben ergens aangelegd tot het weer verbeterde. Dus toen wij aan de lunch begonnen, waren ze er niet. Hoorde je Van de Meent weer klagen: "Het lijken wel amateurs en we spelen tegen Inter." Vlak voordat de bus naar de training vertrok, kwamen ze terug. "Ja sorry Pim, wij konden er toch niets aan doen? Het was een oude schipper, die durfde niet verder. We zijn er nou toch?" Dan zuchtte Van de Meent maar weer eens diep. 's Avonds tijdens het diner sprong Flinkevleugel op de tafel, liet z'n broek zakken als bewijs dat hij vlak daarvoor geen scheet had gelaten. We zaten in een aparte zaal, maar wel met een enorme glazen wand op de achtergrond waardoorheen de andere hotelgasten naar ons zaten te kijken. Flinkevleugel trok zich er niets van aan. "Je moet bij die schele zijn, die loopt steeds te schijten." Die schele was

Jan Jongbloed. Dat was het niveau zo'n beetje.'

Toch wint dat zooitje ongeregeld met 2-1 van het grote Inter. Nico Jansen scoort twee keer, Theo Husers mist zelfs nog een strafschop. 'Voor de wedstrijd werden we bekogeld met aanstekers en muntjes, maar we speelden onverstoorbaar onze eigen wedstrijd. En dan win je 'm ook nog, onvoorstelbaar. Na afloop was er een enorm tumult, de tifosi pikten het niet. De spelersbus van Inter werd bekogeld met alles dat los- en vastzat. We hoopten nog even dat de woede zich alleen op hun eigen spelers zou richten, maar wij kregen ook de volle laag. We hoorden de stenen tegen de ramen afketsen. We maanden de chauffeur tot spoed en vroegen of hij de stoplichten wilde negeren. Want ze stonden ook langs de weg met stenen. Toen hij toch een keer stopte, ging er een enorme steen door de ruiten. Wij lagen inmiddels op de bodem van de bus, met onze tassen als bescherming boven ons. We hadden ome Cor, een fervente supporter die bij ons in het hotel zat een lift aangeboden, we waren bang dat hij in het gedrang zou komen tijdens de strubbelingen in het stadion. Toen we overeind kwamen, zagen we hem onderuitgezakt zitten, met open mond. Langs z'n slaap liep een straaltje bloed. Hij had precies die ene steen tegen z'n hoofd gekregen. In het hotel heeft onze dokter de wond gehecht, tijdens het feest erna hebben we hem vrijgehouden.'

De sensationele zege zorgt voor een kortstondige eufori in Nederland, zeker in de media. 'We liepen wel even met ons hoofd in de wolken, ja. Maar we hadden natuurlijk nog niks, moesten nog thuis tegen Inter, dat ons nu niet meer onderschatte. Met enig kunst- en vliegwerk hielden we het op 0-0. We waren een ronde verder, maar de grootste teleurstelling was de publieke belangstelling. Waar wij op een goedgevuld Olympisch Stadion rekenden, zat er maar een mannetje of 15.000. Dat was voor Stoop zó'n teleurstelling. "Waar doe je het allemaal voor?" klaagde hij. Toen moet-ie al hebben geweten dat FC Amsterdam nooit een lang leven beschoren kon zijn.'

Het Europa Cup-sprookje krijgt een vervolg als in de derde ronde ook Fortuna Düsseldorf eraan moet geloven. Voor slechts 4000 toeschouwers wint FC Amsterdam in eigen huis met 3-0, in West-Duitsland wordt ook getriomfeerd. Omdat Ajax tegelijkertijd sneuvelt in de UEFA Cup tegen Juventus, wordt de Amsterdamse eer vanaf dat moment hooggehouden door het kleine broertje uit Zuid. Maar in de kwartfinale tegen FC Köln is er geen houden meer aan. Bij rust staat het nog 1-1, 45 minuten later druipt het elftal van Van de Meent af met een 5-1-nederlaag. Heinz Flohe scoort tweemaal, Dieter Möller tekent voor een hattrick. 'Het liep uit op een ordinaire schoppartij. Nico Jansen was geschorst, zijn vervanger was Klaas Karte, die al snel een bijnaam verwierf. Als 'Klaas Karate' kegelde hij er in de eerste minuten al meteen twee om, hij had gelijk geel te pakken. Vlak na rust kreeg Abe van den Ban binnen vijf minuten twee keer geel, toen stortte het zaakje in. Thuis verloren we ook; toen heeft Nico Jansen hun keeper Toni Schumacher nog een gebroken neus bezorgd.'

Hoofdstuk 8

Hazes & Snoetje

Ergens in de eerste maanden van 2001 gaat in huize Van der Lem de telefoon.

'Met Gerard van der Lem.'

'Ja, met André Hazes.'

'Zo,' zegt Van der Lem. 'André Hazes. Toe maar. Waar bel je voor, man?'

'Ja sorry, ik vier binnenkort mijn vijftigste verjaardag in Paradiso en ik zou het leuk vinden als Nico Jansen en jij er ook bij kunnen zijn.'

'Nou, leuk André. Vind je het goed als ik m'n vrouw en twee dochters ook meeneem?'

'Is goed. Ik zet je naam op de gastenlijst. Wat fijn dat je wil komen.'

Gerard van der Lem kent André Hazes al uit de tijd dat kleine André enkel bekendheid geniet bij de stamgasten van café De Krommerdt, op de hoek van de Jan Evertsenstraat en de Witte de Withstraat. Als zingende barman probeert hij de boel te vermaken, niet tot ieders genoegen. In het weekend bezoekt hij vrijwel alle thuisduels van de Lieverdjes in het Olympisch Stadion. Jaren later, als hij wat meer bekendheid geniet, en FC Amsterdam na degradatie in zwaar weer verkeert, neemt hij op de melodie van *'n Vriend* op verzoek van het tv-programma *Voetbal 80* een plaatje op over zijn favoriete club.

'Waar zijn de tijden van weleer?
Mijn Amsterdam, wat doet dit zeer.
Nooit meer Nico Jansen, Van der Lem.
Doe ik mijn ogen dicht, hoor ik Jongbloeds harde stem.'

Van der Lem zingt de laatste twee regels mee. 'Ik zie 'm nog zo staan, na elke thuiswedstrijd. Hij was mooi van lelijkheid. Daar stond hij ons altijd op te wachten, Nico Jansen en mij. Via ons kwam Hazes het spelershome binnen, op eigen kracht lukte dat niet. "Nou, kom dan maar," streken wij met de hand over het hart. Later, toen *Eenzame Kerst* een hit werd, had hij onze hulp niet meer nodig om binnen te komen.'

Zo heel af en toe komen de twee elkaar later tegen. 'Hij zong vaak op de kampioensfeestjes van Ajax, als we een etentje hadden met de spelers, de staf en het bestuur. Maakten we weleens een praatje. Hij zat een keer in de rats omdat hij ging optreden in Spanje, maar zich afvroeg of daar wel genoeg mensen op afkwamen. "Moet je horen jongen," zei ik. "Je maakt zulke mooie liedjes, je trekt volle zalen, waar maak je je nou druk om? Ga op dat podium staan, je vindt zingen toch leuk? Het is toch je lust en je leven?" Dat beaamde hij. "Waarom maak je het jezelf dan zo moeilijk?" Daar had-ie niet echt een antwoord op. De laatste keer dat ik hem zag, was in De Plashoeve in Vinkeveen. Margot en ik zaten aan de waterkant, toen hij al aardig beneveld en met een vijftal luidruchtige types aan kwam lopen. Hij schrok toen hij me zag. "Zijn zeker allemaal vrienden van je?" wees ik op z'n gevolg. Je zag 'm nadenken. Als je succes hebt, komen er altijd mensen op je af, maar zelden de juiste. Vreselijk hoe hij de laatste jaren aftakelde. Toch kwam zijn dood als een schok. Misschien word ik wat sentimenteler, maar zijn liedjes kunnen me steeds meer bekoren. Ik hoor steeds meer de echte betekenis ervan.'

In de zomer van 2017 schalt Hazes nog door de tuin van Nico Jansen, zijn gabber bij FC Amsterdam en Feyenoord, bijgenaamd Snoetje. 'Ik was er samen met Heini Otto en onze vrouwen. We dansten op de muziek van Hazes terwijl bij Nico de tranen over de wangen biggelden. Zo emotioneel was-ie.'

De vroegere spits krabbelt op na een dramatische periode in z'n leven. 'Een paar jaar eerder had hij een zelfmoordpoging gedaan nadat ook z'n derde huwelijk op de klippen was gelopen. Die vrouw nam z'n laatste geld mee, hij had helemaal niets meer. Toen was Nico zo gedesillusioneerd dat hij een overdosis pillen nam. Z'n huidige vriendin heeft hem toen gevonden. In het ziekenhuis is z'n maag leeggepompt, hij redde het op het nippertje. Een rijke Belg, een groot RWDM-fan, heeft hem toen onder z'n hoede genomen. Die man bezit allerlei holdings waar allemaal bedrijven onder hangen. Nico werd zijn vaste chauffeur. Hij kreeg een huis in Knokke en een salaris zolang als hij leeft. Hij is er nu gelukkig weer aardig bovenop gekomen.'

De vriendschap tussen beide Mokumers dateert van 1973, wanneer ze elkaar tegenkomen bij FC Amsterdam. Nico Jansen, zoon van een marktkoopman in fruit, verruilt al een jaar eerder SDW voor de nieuwbakken fusieclub, maar speelt voornamelijk in het tweede elftal. Dat verandert een seizoen later als Van der Lem zijn aangever wordt. De teller stopt na twee seizoenen op 36 eredivisie-goals. Maar Jansen maakt zich niet alleen verdienstelijk als topscorer. 'Hij bouwde ook ons spelershome van de grond toe op. Dan kwam ik weer eens langs en dan was hij aan het timmeren. "Ga jij maar slopen," zei hij dan. Maar ik wilde ook iets in de muur slaan. "Dat kan jij niet, jij slaat alleen maar op je klauwen." Dus pakte ik een hamer en wat van die nagels. Sloeg ik bóm, op m'n duim. Die is nog een week blauw geweest. Nico lag helemaal gevouwen.'

De vriendschap gaat zo ver dat Van der Lem in hun gezamenlijke Feyenoord-tijd zelfs niet ingaat op een mooie aanbieding van Borussia Dortmund. 'Die volgden me al bij Roda JC, toen ik al die ballen op het hoofd van Nanninga legde. Bij Dortmund liep een soortgelijk fenomeen in de spits rond,

Horst Hrubesch, *das Ungeheuer*. Die zag het wel zitten, die panklare voorzetten, maar ik niet. Buiten het feit dat er bij ons thuis wat anti-Duitse sentimenten leefden, wilde ik ook de vriendschap met Nico niet verbreken. Dus was het voor mij vrij eenvoudig om nee te zeggen. Ik liet vriendschap prevaleren boven een transfer, maar drie maanden later nam Nico doodleuk zelf de wijk naar België, naar RWDM. Hij woonde in Londerzeel, vlak boven Brussel, waar hij al snel een café opende, De Palm. Hij is altijd aan België blijven plakken.'

Hoofdstuk 9

Een Lieverdje in Limburg

Aan het eind van het seizoen 1974/1975 komt bij voorzitter Dé Stoop de aap uit de mouw. De liftenbouwer stopt naar eigen zeggen 8 miljoen gulden in de club, en hij wil graag wat terugzien van zijn investeringen. 'Die salarisverhoging en die auto kwamen natuurlijk niet uit de lucht vallen, zo werd mijn inkomen aanzienlijk hoger en dus ook de transfersom opgeschroefd. Hij kon een tonnetje of vier voor me vragen. M'n vader zei het al eerder, simpel als-ie was: "Er zal wel een addertje onder het gras zitten." Dat wuifde ik in eerste instantie nog weg. Ik ging fluitend naar trainingen en wedstrijden, verdiende een leuk centje en had een mooie auto. Ik zag alleen maar voordelen. Totdat Stoop naar me toekwam en zei: "Het is beter dat je gaat, Gerard." Ik reageerde daar nogal beledigd op. Ik woonde nog bij m'n ouders, wilde helemaal niet weg uit Amsterdam. En nu werd ik tegen m'n zin zó naar de uitgang gedirigeerd.'

Een gesprek bij het Belgische Beerschot loopt op niets uit, Roda JC hapt vervolgens wel toe.

'Trainer Bert Jacobs was uitermate gecharmeerd van me en ik kon het dubbele verdienen als bij FC Amsterdam. Maar ja, Limburg hè. Dat zou weleens voor een enorme cultuurschok kunnen zorgen. In m'n eentje zag ik het niet zitten; ik wilde dat Margot met me meeging. Ze was net 17, daar had ik de toestemming van mijn schoonvader voor nodig. Als die niet akkoord ging, zou ik lekker bij FC Amsterdam blijven. Hij vond het goed en we gingen in Hoensbroek wonen. In een echt huis met een voor- en een achtertuin, maar in het begin nog zonder meubels. Zaten we op de grond te eten. Tijdens de voorbereiding zat ik in pension Spronck in Valkenburg, dat zat bomvol die zomer. Meneer Spronck was jeugdtrainer bij Roda JC, daarnaast entertainde hij de gasten. In het begin miste ik Amsterdam en Zandvoort natuurlijk wel, het kopje koffie bij m'n moeder, het strand. Nu zag ik enkel de Brunssummerheide van dichtbij, daar vond een groot deel van de voorbereiding plaats. Het was zwaar, Bert Jacobs trok er flink aan. Toen Margot overkwam, werd het allemaal wat draaglijker.'

Wat ook meehelpt bij het acclimatiseren zijn de goede resultaten van Roda JC. De club draait in het begin vrolijk mee in de top van de eredivisie en haalt later dat seizoen de bekerfinale tegen PSV, waarin het pas in de verlenging capituleert. 'Toen ik daar eenmaal wat gewend was, heb ik er een fantastische tijd gehad. Er stond een goed elftal met Dick Advocaat, Johan Toonstra, Pierre Vermeulen, Bram Geilman, John Meuser en Leo Ehlen. En Dick Nanninga uiteraard. Mooie man; 1,90 meter lang, kunstgebit boven en onder, stevige bakkebaarden. Je gaf 'm geen stuiver, een voetballichaam had hij niet. Maar hij kon me een partij koppen, ongelooflijk. Hij kopte de ballen harder dan dat wij ze schoten. Ik had een goede klik met hem, logisch ook, want ik gaf de voorzetten waar hij alleen maar dat grote hoofd tegenaan hoefde te zetten. Hij zat in de bloemen en planten. Half december zette Dick een mooie kerstboom bij ons neer. Hij wilde het ons naar de zin maken. Het ging zelfs zover dat hij me uit eigen zak een salarisverhoging wilde geven.'

Het contact met de geboren Groninger is een stuk beter dan met de Limburgers in de selectie. 'Gelukkig waren er daar niet zo heel veel van. Onverstaanbaar, dat half-Duitse gebrabbel en dan moesten we ook nog mee naar dat vreselijke carnaval. Drie dagen met maskers en een feestneus op, afschuwelijk. Na zo'n drankgelag zouden we de dag erop gaan *frühshoppen*, geen idee wat het was. We dachten dat we in Aken zouden gaan winkelen, zoiets. Het was nog ochtend en we hadden afgesproken in de buurt van een restaurant. Daar dook dus iedereen gelijk de kroeg in en kwam er meteen weer een blad bier voorbij. Wij nog vragen van: "Wanneer gaan we nou frühshoppen?" Maar daar waren we dus blijkbaar al mee bezig. Twee uur later waren we allemaal weer kachel. Dat gezuip om niks, dat hebben we daarna nooit meer gedaan.'

Behalve met de Raad van Elf komt Van der Lem ook nog met het echte gezag in aanraking. Als hij na een stapavondje een bekeuring ontwaart tussen de ruitenwissers van zijn auto, laat de rechtsbuiten het er niet bij zitten. 'Ik had een keurig plekje voor discotheek 't Piepke, dacht dat ik daar gewoon kon staan. Nou, niet dus. Ik bekeek de bekeuring, zag de boete van 25 gulden en wilde hem al weggooien, toen ik las dat het over een groene BMW ging en die had ik niet. Ik had een blauwe. Het kenteken klopte wel, maar de kleur niet. Dus liet ik het voorkomen en probeerde ik de rechter ervan te overtuigen dat de verbalisant misschien niet alleen de kleur, maar ook het kenteken verkeerd had genoteerd. De rechter trapte er niet in en handhaafde gewoon de boete van 25 gulden. "Bent u bereid om die te betalen?" vroeg hij. "Nee," zei ik.'

De parkeerboete groeit uit tot een principiële zaak voor Van der Lem, die de daaropvolgende acceptgiro's demonstratief verscheurt. 'Toen stonden er op een maandagochtend twee agenten voor de deur. Ik kreeg nog een laatste kans om de boete te voldoen, anders moest ik mee naar het bureau. Margot stond al klaar met de portemonnee, maar ik was zover in m'n gedachtegang dat ik ook nu weigerde te betalen. Dus moest ik een busje in, eerst naar het bureau in Hoensbroek en vier uur later naar het huis van bewaring in Maastricht. Ik kwam daar in aanraking met een paar andere arrestanten, en meteen werd gevraagd wat iedereen zoal op zijn kerfstok had. Dat ik er zat voor een niet-betaalde parkeerboete heb ik maar niet verteld, ze zouden denken dat ik gek was. Ik moest een dag zitten, dat heb ik gedaan. Ik had uitzicht op Het Vrijthof. Op maandagavond ging de selectie altijd verplicht naar de sauna en daarna naar een restaurant, waarna een select groepje nog even ging stappen, trainer Jacobs voorop. In gedachten zag ik ze onder me lopen, lekker een pilsje drinken in Den Ouden Vogelstruys. Toen kreeg ik wel een beetje spijt van mijn actie. Ik had ook nog eens de pech dat die avond enkel de rij met oneven cellenblokken toegang kreeg tot de recreatieruimte met tv en een biljart. Ik zat op de even rij. Op een gegeven moment klikten de celdeuren centraal dicht met een extra slot en ging het licht uit. Ben ik maar gaan slapen.'

De volgende ochtend wordt Van der Lem gewekt met een ontbijtje en ziet hij er de humor wel weer van in. 'Toch gratis logies met ontbijt gehad in plaats van een boete van 25 gulden.' Zijn humeur slaat om als hij zich 's middags weer op de club meldt en wordt toegesproken door trainer Jacobs en manager Hens Coerver. 'Ze begonnen nog heel positief, dat ze trots op me waren dat ik voor m'n principes stond en dat ik mijn principes niet had verloochend. Toen ze steeds maar bleven hameren op die principes, ging ik nattigheid voelen. "Want wij hebben ook principes," zei Coerver uiteindelijk. "Je hebt twee trainingen gemist en we hebben uit principe besloten je een boete op te leggen." "Wat?!" schreeuwde ik uit. "Ja. Van 25 gulden." Van kwaadheid gooide ik m'n tas zó over de tafel naar die twee toe, maar die lagen al op de grond van het lachen. Ik merkte dat pas toen ik briesend van woede bij de deur stond en achterom keek. Toen viel het kwartje pas. Die boete werd kwijtgescholden, dat strafblad van een dag zal ik waarschijnlijk nog wel hebben.'

Net als bij FC Amsterdam mag Van der Lem zich ook bij Roda JC opmaken voor Europees voetbal. Dit keer is het avontuur van korte duur. In twee tumultueuze wedstrijden blijft Anderlecht – met moeite – overeind. 'Anderlecht was Europese top in die tijd, die stonden drie keer op rij in de finale van de Europa Cup II en wonnen 'm twee keer. Jan Ruiter stond op goal, Arie Haan en Peter Ressel speelden er ook. Rob Rensenbrink was de grote vedette. In de eerste wedstrijd stonden we vlak voor tijd nog met 1-0 voor, toen scoorden Vercauteren en Rensenbrink alsnog. In de return maakte ikzelf nog de 2-1 uit een strafschop, volgens mij kwam toen nog die Felix Meurders met die lange haren en die grote baard het veld op rennen om me te interviewen, dus tijdens de wedstrijd. Het was een heel pandemonium, zonde dat we het in de slotfase toch nog uit handen gaven: 2-3. Kaalheide puilde uit, we werden uitgeschakeld, maar het gaf ons toch een goed gevoel. Aan het eind van het seizoen stonden we keurig vijfde.'

Hoofdstuk 10

De tranen van Wim Jansen

Van der Lem hoeft alleen maar een handtekening te zetten om zijn carrière bij Roda JC te vervolgen, maar wanneer Feyenoord zich meldt om de rechtsbuiten in te lijven, is de keuze niet moeilijk. 'Dat contact dateerde eigenlijk al vanuit het eerste seizoen. Met Roda speelde ik een goede bekerfinale in De Kuip, daar zat ook een delegatie van Feyenoord. En toen m'n maatje Nico Jansen daar ging spelen, prees hij me uitgebreid aan bij de clubleiding. Ik vond het ook een logische stap. Ik was 24, zat tegen het Nederlands elftal aan, bij Feyenoord zou ik meer kans maken op een uitverkiezing voor Oranje.'

In 1977 is Feyenoord allang niet meer de Europese topclub van weleer. De club groeit uit tot een kerkhof voor spitsen die er allemaal niet in slagen om de herinnering aan Ove Kindvall te laten vervagen. 'Maar er liep nog genoeg kwaliteit rond met Wim Rijsbergen, Eddy Treijtel, Dick Schneider, Aad Mansveld en Willy Kreuz. En m'n maatje Nico Jansen dus. En vergeet die andere Jansen niet, Wim. Die had altijd het imago van een wat vlakke, onzichtbare voetballer, maar die mening moest ik razendsnel bijstellen. Hij zag alles, was het cement tussen de stenen, zonder hem was het elftal de helft minder. Hij gaf elke wedstrijd alles, ik heb daar zo'n bewondering voor gekregen. Hij kon ook heel emotioneel zijn; als we verloren zat Wim in een hoek een potje te janken. Wat waren we boos toen hij begin maart 1980 tussentijds werd verkocht aan de Washington Diplomats. Toen ben ik nog in opstand gekomen tegen manager Peter Stephan. Die vond dat wij ons niet mochten bemoeien met beleidszaken, maar hij vergat dat door het wegvallen van Jansen het elftal meteen minder draaide. Heb ik nog een staking geïnitieerd bij de spelers, gingen we uit protest een paar keer niet trainen.'

Stakingsleider Van der Lem moet daarop bij het bestuur komen. De beleidsbepalers vinden hem maar een lastig mannetje. Dat heeft hij eerder gehoord. Dat dateert al van de voorbereiding in 1977 wanneer hij botst met trainer Vujadin Boškov. 'Hij had een oefening waarbij hij bij elk sprongetje *hop, hop, hop* zei. Dus toen ik die oefening deed, riep ik dat ook. Daar was hij niet van gediend, hij dacht dat ik hem in de maling nam. *"Das ist 250 Koelden boete."* Ik was me van geen kwaad bewust. "Heeft u het tegen mij?" vroeg ik aan Boškov. *"Ich bin Trainer, wenn ich sowas sage dann ist das so,"* kreeg ik als antwoord. Dat pikte ik niet. Ik heb nog *"Auf Wiedersehen"* geroepen en ben zo het trainingsveld af gelopen.'

Na veel over en weer bellen volgt er een verzoeningsgesprek tussen trainer, bestuur en Van der Lem. 'Maar eerst moest die boete vervallen, eerder wilde ik niet om de tafel. Dat gebeurde uiteindelijk, zeer tegen de zin van Boškov. Die zag z'n gezag ondermijnd worden. Daarna had ik vaak het gevoel dat-ie mij moest hebben. Kwam hij naast me fietsen tijdens een bosloop. "Gerhard, *du musst schneller laufen, du bist jung, du lauft hinter.*" Hou je kop man, dacht ik. Maar onwillekeurig ga je toch harder lopen en kreeg ik de groep weer in het vizier. Boškov fungeerde daarbij als gangmaker, hij ging steeds wat harder fietsen.'

Zelf woont Van der Lem in Oud-Beijerland, regelmatig gaat hij langs bij maat Nico Jansen op de Noordsingel in hartje Rotterdam. 'Weet je wie daar ook woonde? Boškov. Op welk tijdstip ik ook wegging bij Nico, altijd stond Boškov buiten zijn bouvier uit te laten. *"So Jungens, war es gezellig?"* vroeg hij dan. "Ja hoor, trainer," zei ik. *"Und, viel getrunken?"* "Helemaal niets, trainer." "Jaja, *gut so,*" zei Boškov dan, waarna hij weer verder liep met z'n hond.'

Aan het eind van het seizoen scheiden zich de wegen van Van der Lem en de Serviër. Toch komt het nog tot een ontmoeting, een jaar of tien later. 'Ik deed de trainersopleiding en heb toen voor het diploma coach betaald voetbal stage gelopen bij Sampdoria, waar hij toen trainer was. Ik werd met een auto van de club opgehaald van het vliegveld, de hotelrekening werd voor me betaald, alle deuren gingen open. Het eerste wat hij zei toen hij me zag, was: *"Gerhard, trainer, du?"* Hij was ongelooflijk hartelijk, terwijl ik hem toch de nodige ellende had bezorgd bij Feyenoord. Hij was heel autoritair, daar kon ik niet tegen. Natuurlijk moet er iemand de baas zijn, het gaat alleen om de manier waarop.'

Zoals wel vaker bij voetbalclubs is de opvolger uit heel ander hout gesneden. Václav Ježek is een Slowaak met een zachtmoedig karakter die in 1978 Boškov opvolgt in De Kuip. Ježeks grootste succes stamt uit 1976, wanneer hij als bondscoach van Tsjechoslowakije het EK wint met de Panenka-strafschop in de finale tegen West-Duitsland als passende bekroning. 'Ježek was een lieve man. Op zijn eerste training zei hij: "Iek ga maken nummers. *Nummer eins ist diese Übung, Nummer zwei ist diese Übung.*" Elke oefening had zijn eigen nummer, het waren er een stuk of vijftien. En die moesten we allemaal onthouden. Elke ochtend weer. *"Wir fangen an mit Nummer sieben."* In het begin moesten we daar nog om lachen, zeker toen sommigen de verkeerde oefening deden, maar na een paar maanden werden we er spuugziek van. Steeds weer dezelfde vormen. Hij was ook dol op gymnastiek en yoga. We stonden vaak op ons hoofd. De spelers begonnen te morren, ik vond het zielig voor Ježek. Het was zo'n aardige man. Op een dag ging ik naar hem toe en maakte hem duidelijk dat er binnen de spelersgroep onvrede heerste over die oefenvormen die niets met voetbal te maken hadden. De volgende ochtend ging hij meteen wat anders doen. En die nummertjes roepen deed hij nog maar één keer per week. Toen werd het weer leuk.'

Van der Lem treft Ježek niet alleen op het voetbalveld. 'Ik vierde oud en nieuw bij Nico en rond half één besloten we om de trainer gelukkig nieuwjaar te gaan wensen, die woonde om de hoek. Hij nodigde ons uit om binnen een glaasje te komen drinken. We hadden de keus tussen tomatensap of sinaasappelsap. Toen vertelde hij ons over de problemen in het thuisland, waarom hij hier alleen was. Omdat het regime nooit zou toestaan dat zijn hele gezin hier zou komen wonen. Omdat ze bang waren dat hij dan misschien niet meer terug zou komen. Hij moest ook een deel van zijn inkomen afstaan aan de staat. Toen kreeg ik nog meer bewondering voor hem.'

Ook Ježek ziet hij vele jaren later terug, als bondscoach van het laatste nog ongedeelde Tsjechoslowakije, vlak voor de afsplitsing. 'We waren met Ajax in de buurt van het stadion waar ze een interland speelden. Via via kreeg ik z'n nummer, hij verheugde zich erop om me weer te zien. En of ik een Maasdammer kaasje mee kon nemen. Ze hadden inmiddels al heel veel in zijn land, maar nog niet zo'n lekkere kaas. Zat ik op de tribune met zo'n ronde kaas, Louis van Gaal naast me. Die keek naar die kaas en zei: "Ga jij maar even alleen naar Ježek."

Het was één groot gekkenhuis rond de man, maar toen ik *"Hier ist der Gerhard mit die Käse"* riep, keek-ie om en moest-ie lachen. Hebben we samen een sigaretje gerookt. Echt een man om van te houden.'

Ježek houdt het vier jaar uit in De Kuip, voor Van der Lem valt tweeënhalf jaar eerder het doek na enkele weinig echt hoogstaande seizoenen. Als de term Kuipvrees valt, moet Van der Lem lachen. Natuurlijk kent hij de voorbeelden van spelers wiens loopbanen stokken op het moment dat ze in de negatieve invloedssfeer van het even imposante als intimiderende stadion met zijn veeleisende supporters komen. Maar daar heeft de Amsterdammer geen last van. 'Een prachtig stadion, hoor, daar niet van, maar ik kon de druk prima handelen. En er waren meer mooie stadions in Nederland. Ik kwam ook graag op de Wageningse Berg of bij De Graafschap op De Vijverberg. Fanatieke mensen die bovenop het veld zaten, gezellig en nostalgisch vond ik dat. Maar er zaten ook gribussen van stadions tussen, hoor. Vaak met sintelbanen rond het veld, zoals De Goffert of Het Diekman. Het enige dat me irriteerde aan De Kuip was die ene supporter die me tijdens elke wedstrijd weer toeriep dat m'n vader een NSB'er was. Die kon het blijkbaar maar niet verkroppen dat er een Amsterdammer in zijn Kuip rondliep. Het is me nooit gelukt om die pleurislijder te traceren, maar hoe gek ben je als je dat jarenlang volhoudt, elke wedstrijd weer?'

Hoofdstuk 11

Babi pangang op Spangen

Omdat Feyenoord verzwakt is door het plotse wegvallen van Wim Jansen, probeert Van der Lem zijn prestatiecontract om te zetten in een hoger basiscontract. Tevergeefs. 'Het kwam erop neer dat ik niet zo moest zeuren. Dat we elke wisseling in het elftal gewoon dienden te accepteren. Je was destijds met handen en voeten gebonden aan een club, je was hun eigendom. Mijn contract liep nog een halfjaar door, maar ik had weinig zin om te blijven.'

De patstelling tussen het bestuur en de rebelse rechtsbuiten wordt opgeheven dankzij Sparta, dat de aanvaller voor de rest van het seizoen 1979/1980 wil huren. De oudste profclub van Nederland, in de jaren zestig en zeventig nog een stabiele subtopper, verkeert in zwaar weer – er dreigt zelfs degradatie. In december vliegt de Roemeense trainer Mircea Petescu eruit, de aanstelling van Hans Kraay sr. een maand later loopt uit op een sof doordat de oud-trainer van Ajax en AZ al na twee dagen wegens lichamelijke klachten moet afhaken. Op 5 maart 1980 wordt de derde trainer van het seizoen aangesteld: Joop Brand. En die ziet een oude wens in vervulling gaan uit zijn HFC Haarlem-tijd: het binnenhengelen van Gerard van der Lem. De speler in kwestie heeft er wel oren naar, maar het eerste contact verloopt stug. 'Kwam er een penningmeester bij ons langs in Oud-Beijerland die meteen na binnenkomst een rekenmachine uit z'n zak toverde en me een paar minuten later een salaris voorschotelde tot twee cijfers achter de komma. Die heb ik gelijk de deur maar weer gewezen met de boodschap dat ik hetzelfde wilde verdienen als bij Feyenoord. Brand belde een dag later op met de mededeling dat het akkoord was. Ook hebben we nog even smakelijk gelachen om dat dingetje destijds bij HFC Haarlem. We waren het allebei niet vergeten.'

Om de dreiging van degradatie af te wenden, wordt naast Van der Lem ook Jimmy Calderwood overgeheveld vanuit het Engelse Birmingham City. 'Terwijl ze al best wat aardige spelers onder contract hadden, zoals Ruud Geels, Luuk Balkestein, Adri van Tiggelen en piepjonge gasten als Danny Blind en René van der Gijp. Die twee zaten karakterologisch een beetje verschillend in elkaar. Danny was schuchter en heel serieus. In René herkende ik veel van mezelf toen ik achttien was. Een vrije vogel, een flierefluiter, een levensgenieter, net als ik. Lekker voetballen, gespitst op de goal, en als hij de bal verloor geen stap extra doen. Als ik hem daarop wees, ging-ie lachen, zei hij doodleuk: "Maar we hebben toch gewonnen? En ik heb toch een leuke goal gescoord?" Maar ja, we stonden onderaan, van iedereen werd wat meer verwacht dan normaal. Daar begreep René helemaal niets van. Het publiek floot hem weleens uit wanneer hij er opzichtig met de pet naar gooide. Dan nam ik 'm onder m'n hoede. Legde weer eens uit dat er van hem, met zijn capaciteiten, meer werd verwacht. Ach, echt kwaad kon ik niet worden op hem, het was een heerlijke gozer. En hij heeft nog een aardige carrière gehad.'

Er loopt nóg een aardige speler rond, eentje met wie hij in de toekomst veel te maken zal krijgen. 'Zijn verrichtingen als trainer spreken natuurlijk wat meer tot de verbeelding, maar pas op, Louis van Gaal was een redelijke subtopper als speler. Hij had een goede techniek, doorzag het spelletje, hij miste alleen de snelheid. Maar voor Sparta was hij zeer bruikbaar. Vóór mijn komst had hij een vrije rol, daarna moest Louis zich wat meer aanpassen omdat Brand mij beter geschikt vond in die rol. Louis begon te ja-maren, maar daar wilde Brand niets van weten. Dus ik op mijn beurt weer van: "Nou, je hoort het Louis, ik heb die vrije rol en jij moet inschuiven." Zat-ie me zo aan te kijken.'

Bij Sparta wordt Van der Lem ook nog herenigd met een oude bekende. Na omzwervingen bij Ajax en Bristol City is Geert Meijer al een paar weken vóór Van der Lem bij Sparta beland. Maar de relatie tussen de rechts- en de linksbuiten is wat stroever geworden na een akkefietje uit de tijd dat de twee aanvallers bij FC Amsterdam onder contract staan. 'We speelden met Pasen een dubbel tegen Feyenoord. Op zaterdag verloren we in het Olympisch Stadion vrij kansloos met 3-0, dus we gingen op maandag zonder enige verwachting naar De Kuip. Om het moreel wat op te vijzelen, had Stoop dubbele winstpremies uitgeloofd, waarschijnlijk al met de gedachte dat hij het geld toch in z'n zak kon houden. Trainer Van de Meent wilde wat meer snelheid in de voorhoede hebben, dus zette hij Meijer op mijn positie. Nou had ik de gewoonte om mezelf tien minuutjes voor tijd te laten vervangen, dan kreeg de invaller ook de volle premie in plaats van de helft. Dat had ik vaak met Heini Otto gedaan en ook met Geert. Een kwartier voor tijd stonden we met 2-1 voor, na een afgrijselijke blunder van Eddy Treijtel. We speelden de bal soeverein rond, geen centje pijn. Dus ik gaf Geert een seintje, of hij zich zo meteen kon laten vervangen. Tuurlijk, gebaart Meijer, geen enkel probleem. Tien minuten voor tijd: Geert doet z'n duim omhoog, komt goed.'

Ook vijf minuten voor tijd staat FC Amsterdam nog steeds voor, de dubbele winstpremie lonkt. Toch maakt Meijer nog steeds geen aanstalten om naar de kant te gaan. 'Het eind van het liedje was dat hij zich helemaal niet liet wisselen. "Wat flik je me nou?" vroeg ik hem, witheet van woede. Hij boorde me gewoon een dubbele winstpremie door de neus. "Het ging zo lekker," zei hij. "Ik was de tijd uit het oog verloren." En dat was het. Daar doe je het dan allemaal voor. Al die keren dat je zelf eerder naar de kant ging en dan verwacht je één keer van de ander ook zo'n actie en dan gebeurt er niks. Weet je dat ik het nooit vergeten ben – altijd als ik hem zie, denk ik aan die situatie. Ik kwam hem tegen op de trainerscursus, maar eigenlijk is het nooit uitgesproken. Later vroeg hij wel of ik aan hem zou denken als er ergens een leuk trainersklusje was. Wat denk je zelf? Dit is altijd tussen ons in blijven hangen, gek hè?'

Maar als hij Meijer even wegdenkt, maakt hij een paar gouden maanden mee bij de tweede club van Rotterdam. 'Ik trok voor de eerste keer dat mooie tenue aan, prachtig was dat. Daar ben ik wel gevoelig voor, voor dat soort details. Het rugnummer was er speciaal op genaaid, die gebreide rood-witte kousen zaten als gegoten, ik kreeg er gewoon energie van. We haalden nog bijna de bekerfinale ook, speelden in de halve finale tegen Feyenoord. Thuis wonnen we nog met 1-0, maar in de bus op weg naar De Kuip wist ik al dat we het niet zouden redden, het rook er naar volgescheten onderbroeken. Met 4-0 werden we overklast. M'n enige troost was dat Feyenoord destijds de finale met 3-1 won van Ajax – streek ik toch nog de winstpremie op.'

Hoewel actief aan de onderkant van de ranglijst, lijdt de sfeer er in Rotterdam-West niet onder. 'Toen we ons handhaafden in de eredivisie, werd er een spetterend feest gegeven. Na de laatste wedstrijd belden ze de Chinees, stonden er een uurtje later tien babi pangangs en tien foeyonghai op het biljart. Dat werd dan uitgeserveerd op van die plastic bordjes. We hadden de grootste lol. Je begrijpt dat ik weinig zin had om terug te gaan naar Feyenoord. Ik hoopte dat ik bij Sparta kon blijven, maar Feyenoord vroeg een veel te hoge transfersom. Ze boden me zelfs een nieuw, verbeterd tweejarig contract aan. Dus zo ontevreden over mij waren ze nu ook weer niet. Maar toen kwam FC Utrecht, dat timmerde aardig aan de weg.'

Hoofdstuk 12

De Kromme en Haagse Aadsje

Z'n oudste dochter Fanny komt hem op een dag tegen, uiteraard op de golfbaan waar Willem van Hanegem veel van zijn dagen slijt. '"Ben jij er één van Van der Lem?" vroeg-ie haar. "Zeg dan maar tegen je pa dat die bal niet uit was." Ik wist meteen waar het om ging. We speelden samen bij FC Utrecht en op de training deden we een partijtje koptennis. Willem had de gewoonte om de bal op je lichaam te koppen, zodat je er weinig meer mee kon. Maar in een reflex kon ik de bal ontwijken die vervolgens buiten de lijnen neerkwam. "Uit," zei ik. "In," zei Willem, "14-14." "Uit," zei ik, "15-13. Hoe kun je trouwens zien dat die bal in of uit was? Aan één oog ben je blind en met dat andere heb je maar dertig procent zicht." Maar hij hield voet bij stuk. Trainer Han Berger stond een eind verderop en die kreeg op een gegeven moment in de gaten dat bij ons het spel al een tijdje stillag. Die wilde weten wat er aan de hand was. "Trainer," zei ik, "ik heb een hekel aan liegen, dat weet u, maar die bal was zó'n stuk uit.

En u weet ook wat er aan de ogen van Willem schort." Hij gaf de bal in, en die Kromme maar lachen. "Zo, jullie kunnen weer verder," zei Berger. "Ja, maar zonder mij," zei ik, en ik liep naar binnen toe. Van Hanegem was een stuk ouder dan Berger – Berger kon moeilijk anders. En een jaar of veertig later kwam Willem er nog op terug tegen mijn dochter. Haha, typisch De Kromme, een uniek persoon. Die mensen moet je koesteren.'

Van der Lem moet terugdenken aan een telefoontje van Jorien van den Herik, de voorzitter van Feyenoord. 'Ik denk dat het ergens in 1995 is geweest, Van Hanegem was trainer van Feyenoord. Van den Herik kwam gelijk ter zake. Of ik trainer wilde worden van Feyenoord. "Ik weet wat je verdient bij Ajax, ik verdubbel het," zei Van den Herik. "Maar voorzitter, u heeft toch nog een trainer?" zei ik. "Ja," zei hij, "maar als jij nu akkoord gaat, dan ontsla ik Van Hanegem vanavond nog en presenteer ik jou morgen als nieuwe trainer." "Nou voorzitter," reageerde ik, "volgens mij hanteert u de verkeerde volgorde. U moet eerst uw trainer ontslaan, en dan belt u morgenochtend mij weer om te vragen of ik de nieuwe trainer wil worden. Dan kan ik erover nadenken. Dan doen we net of u dit telefoontje niet gepleegd hebt." Uiteindelijk vond hij het te riskant. Hij was natuurlijk bang dat ik nee zou zeggen, dan zat Feyenoord midden in het seizoen zonder trainer.'

Een paar dagen later gaat weer de telefoon: Van Hanegem aan de lijn. 'Die was er natuurlijk achter gekomen dat Van den Herik mij had benaderd. Hij zei enkel: "Ik weet wat je gedaan hebt, bedankt." En toen hing-ie weer op. Aardig van De Kromme, maar hij had het niet hoeven doen. Mijn handelwijze vond ik niet meer dan normaal, een kwestie van fatsoen. Het ging ten koste van iemand en daar houd ik niet van.'

Bij FC Utrecht komt hij ook een clublegende tegen, Aad Mansveld, die weleens wat anders wil dan het Zuiderpark. Lang houdt hij het niet uit in de Domstad, in december is hij alweer terug bij zijn oude liefde. 'Ik weet nog dat we samen begonnen bij Feyenoord in 1977. Hij was een kwartiertje eerder op de eerste training, had zich al aan iedereen voorgesteld. Ik vond het een vreselijke speler en dat liet ik hem ook weten bij de eerste kennismaking. "Weet je dat ik een bloedhekel aan je heb? Je bent altijd aan het zuigen, wat een nare speler ben je." Weet je wat Aad antwoordde? "Wees dan maar blij dat we vanaf nu in één elftal spelen." In de jaren erna zijn we enorm naar elkaar toe gegroeid. Met René Notten en Eddy Treijtel vormden we een vast kaartgroepje. Met Aad was het altijd dikke mik.'

Later, wanneer Van der Lem in zijn functie als Ajax-trainer analyses moet maken van tegenstanders, belt hij Mansveld regelmatig op als hij in het Zuiderpark moet zijn. 'Wanneer ik dan met Aad naar het stadion liep, leek het net of je met een filmster op pad was. Iedereen klampte hem aan, wilde een praatje maken, een hand, of op de foto. Het was *Aadsje* voor en *Aadsje* na, hij was gewoon vergroeid met Den Haag en ADO. Ik heb hem altijd aangemoedigd om z'n trainersdiploma's te halen, dat hij dan echt invloed kon uitoefenen bij zijn club, maar hij kwam niet verder dan Oefenmeester 3. Op een gegeven moment woonde hij vlak bij mij in Hoofddorp, kwam hij om de haverklap een kaartje leggen. Op straat zag hij een van m'n dochters spelen, die gaf-ie een tientje. M'n dochter sputterde dan tegen, zei dat ze geen geld mocht aannemen, maar dan zei Aad: "Maak je geen zorgen, ik ga zo kaarten met je vader, dan pak ik het weer van hem af." Haha, het was een wereldkerel.'

Een lang leven is de Haagse legende niet beschoren: op 5 december 1991 overlijdt Mansveld aan de gevolgen van longkanker, slechts 47 jaar oud. 'Elke maandag ging ik bij hem langs, gaf ik 'm een kus op z'n kale kop. Na z'n eerste chemo's had hij nog een pruik aangeschaft, maar dat was zo'n goedkoop flodderig dingetje, bij het minste of geringste zat dat ding schuin op z'n kop. In eerste instantie was hij nog schoon verklaard, gaf-ie een groot feest in Hilversum, champagne, iedereen blij. Maar een halfjaar later was de ziekte terug en was het zodanig uitgezaaid dat er geen genezing meer mogelijk was. Hij is toen terug naar Den Haag gegaan om dichter bij z'n kinderen te zijn. Z'n zoon en dochter kwamen geregeld langs, z'n ex-vrouw ook, maar verder bleef het angstvallig stil qua bezoek. Ik heb daar nog eens wat over gezegd op tv, dat iedereen in Den Haag altijd wegliep met Aad, maar dat er zich nu niemand om hem bekommerde. En dat hij bezoek nu juist zo nodig had. Z'n zoon vertelde me dat Aad toen zat te huilen voor de tv.'

Tot het bittere einde blijft Van der Lem zijn vriend bezoeken die hem elke maandag opwacht met een spel kaarten in de hand. 'Hij mocht eigenlijk niet meer drinken of roken van de dokter, maar toch nam hij een bacootje en een sigaretje. "Ik ga toch dood," zei hij dan. Op het einde was er weinig van hem over, was het net zo'n klein vogeltje. "Zie ik er slecht uit?" vroeg hij dan. "Nee hoor," zei ik, "je ziet er geweldig uit." En dan gaf ik hem weer een zoen op z'n hoofd. Op z'n uitvaart zag het zwart van de mensen, toen durfden ze pas weer te komen. In z'n pak had z'n zoon op mijn verzoek een spel kaarten gedaan. Ooit zal het groepje weer compleet zijn, dan kunnen we verder met kaarten.'

Eerder dan verwacht krijgt Mansveld al gezelschap van een oude kaartmaat. 'In augustus 1995 kreeg ik een belletje van Co Adriaanse. Of ik al wist dat René Notten was overleden. Hij zat op een terrasje op Aruba, waar hij bondscoach was, vertelde z'n vrouw dat hij zich niet zo goed voelde en viel zo voorover op tafel. Dood. Ik kon het niet geloven, had hem een paar weken eerder nog aan de lijn gehad, omdat we de winter erop bij hem langs zouden gaan. We hadden al geboekt. Niet te bevatten, zulke dingen. Hij was pas 45 jaar. Later heb ik z'n zoons nog financieel ondersteund toen ze een eetcafé wilden beginnen op Aruba. Nooit meer wat van gehoord, maar ik ben blij dat ik het voor René heb kunnen doen. Wat een heerlijke kerel was dat. René Bintang noemden we hem, hadden we overgehouden aan een trip met Feyenoord naar Indonesië. Terwijl wij keurig aan de cola zaten, nam René steeds een plaatselijk biertje, een Bintang.'

Hoofdstuk 13

Zwartgeldaffaire en afkeuring

De aardige prestaties van FC Utrecht hebben een dubieuze achtergrond die in 1981 boven water komt. Na onderzoek van de FIOD wordt duidelijk dat de club dan al jarenlang een schaduwadministratie voert, waarbij bedragen zwart worden uitgekeerd aan toppers als Leo van Veen, Joop Wildbret en Willem van Hanegem. 'En ook aan mij dus,' vertelt Van der Lem. 'Daar hoeven we niet moeilijk over te doen. Dat hele gedoe is mijn financiële ondergang geworden. Ik ging er op papier een stuk minder verdienen dan bij Feyenoord, maar dat werd gecompenseerd door een extra bedrag dat vanuit de sponsorgroep van FC Utrecht beschikbaar werd gesteld. Voorzitter Cees Werkhoven was het brein achter de hele operatie, teammanager Arno van den Heuvel coördineerde het. In een schrijven van FC Utrecht stond dat de club aansprakelijk was voor alle afdrachten en dat dat extra bedrag netto was. De crux is natuurlijk dat je zelf verantwoordelijk bent voor de belastingaangifte. Ik had twee contracten, één legale met afdrachten, en eentje zonder. Ja, dan hoef je niet je middelbare school afgemaakt te hebben om te weten dat je je op glad ijs begeeft. We hoopten maar dat het nooit naar buiten zou komen.'

De fraude komt aan het licht wanneer de FIOD binnenvalt in de woning van FC Utrecht-voorzitter Werkhoven die huis en haard heeft verlaten op het moment dat zijn eigen bedrijf failliet dreigt te gaan. 'Hij nam z'n geld en z'n secretaresse mee, z'n vrouw en z'n Rolls-Royce liet hij achter. Vervolgens viel de FIOD z'n huis binnen en haalde alles ondersteboven. Toen kwamen er vanachter een plint ook zes contractjes tevoorschijn waarop alle zwarte bedragen stonden. Ja, toen waren wij de sigaar. Van Hanegem moest zijn boerderij in Leerdam verkopen, Wildbret vluchtte naar Hongkong en ook Van Veen en ik kregen een flinke douw. Je moest het hele bedrag terugbetalen met daarbovenop een boete van honderd procent. Bij mij ging het om enkele tienduizenden guldens. Ik had nog het geluk dat het om anderhalf seizoen handelde, voor een speler als Leo van Veen die daar al jarenlang speelde, was de schade veel groter. Het draaide nog uit op een strafzaak, justitie wilde een voorbeeld stellen. We namen nog wel een fiscalist en een advocaat in de arm, de oude Moszkowicz meen ik, maar we hadden net zo goed zelf de verdediging kunnen voeren, het zaakje viel toch niet te redden. We werden geknipt en geschoren.'

Terwijl sommige spelers de wijk nemen, blijft Van der Lem de volksclub trouw. In 1982 verlengt hij zijn contract met twee jaar, dit keer staan er enkel bruto bedragen in. Aangejaagd door een bloedfanatiek publiek marcheert de ploeg als een geoliede, soms enigszins opgevoerde machine, die drie keer op rij bij de eerste vijf eindigt. 'Ze hebben ons weleens beticht van dopinggebruik, zo enorm vlogen we erop. De laatste twee jaar was ik aanvoerder, ik zou het zeker wel gemerkt hebben als er stimulerende middelen werden verstrekt. Dat agressieve zat in de groep zelf, daar werden de spelers op geselecteerd en dat werd ook automatisch opgewekt als we het publiek hoorden, zeker toen we een seizoen in een noodstadion speelden op de Veemarkt. Toen haalden we ook de bekerfinale tegen AZ. Dat beschuldigde ons ook van dopinggebruik na die twee duels, wat een onzin. Eigenlijk heb ik nooit met doping te maken gehad, op één pilletje voor een Europa Cup-wedstrijd na. Nee, niet bij FC Utrecht. Zelf heb ik dat pilletje meteen door het toilet gespoeld, maar bij sommige medespelers bemerkte ik wel een gedragsverandering.'

FC Utrecht heeft geen stimulantia nodig, dat is al een boevenbende bij elkaar. 'Ze dachten dat ik er een beetje buiten stond, als de wat meer fijnbesnaarde voetballer. Maar ik vond het geweldig, was helemaal op m'n plek. Stonden we in de gang bij PSV samen met de tegenstanders te wachten tot je het veld op mocht, dan schraapten we allemaal met onze noppen over de muur. En allemaal boos kijken hè, alles was geoorloofd om de tegenstander te imponeren. Als we moesten aftrappen, deden we dat altijd op dezelfde manier: eerst een tikkie terug, vier man stormden vooruit en dan werd die bal hoog het vijandelijke strafschopgebied in gepompt. Als de stofwolken optrokken, zag je overal spelers liggen. Van de tegenpartij, hè. Eén grote chaos. Dat was ons spelletje.'

Maar er vallen ook slachtoffers in eigen geledingen. Van der Lem haalt het voorbeeld van Ben Rietveld aan. Een jongen uit de stad, die vaak gebruikt wordt als pinchhitter. 'Als hij erin kwam als stormram gebeurde er wat. Hij was erg populair bij het publiek, maar minder bij het bestuur. Rietveld voetbalde voor een minimum-contract, zijn vrouw moest het geld inbrengen voor de dagelijkse boodschappen, hij had het niet. Daar was hij vaak somber over. Toen heb ik eerst bij onze teamgenoten 800 gulden opgehaald en vervolgens heb ik het bestuur erover aangesproken. Sommige spelers vonden dat een beetje te ver gaan, dat ik me daar niet mee moest bemoeien. Vond ik raar. Een collega waar we dagelijks mee werkten, had bijna geen geld terwijl het stadion altijd vol zat. Bij het bestuur heb ik gevraagd om hem normaal te honoreren en dat hebben ze uiteindelijk gedaan. Dat gaf een enorme voldoening.'

Minder te spreken op dat moment is hij over trainer Barry Hughes. De man uit Wales heeft als bijnaam De Entertrainer en dat uit zich in een carnavalshit over een kamerbreed tapijt als kapsel. Jaren eerder maakt hij collega-trainer George Kessler langs de lijn belachelijk met een rolfluitje. Het werkt enorm op de lachspieren, maar heeft als bijeffect dat de Brit als trainer minder serieus wordt genomen. 'Het was een uitwedstrijd tegen Volendam. Ik had de score geopend, we stonden nog steeds voor, maar we werden steeds meer teruggedrongen. Er moest iets gebeuren, dus ik geef een seintje naar de kant dat er iemand gewisseld moest worden. "Goed idee," zei Hughes, "kom er maar uit." Stond-ie er nog bij te lachen ook. Pislink ging ik douchen, Volendam maakte nog gelijk ook en later zijn ze zonder mij weggereden. Ik stond in het spelershome naast Leo van Veen, tot ik erachter kwam dat die niet met de ploeg mee terug hoefde. Ik rennen naar de bus, maar die reed net tergend langzaam de poort uit. Op de achterbank zaten De Kruik en Rietveld naar me te zwaaien. Ze hebben nog wel tegen Hughes gezegd dat ik eraan kwam, maar die riep maar één ding: *"Drive!"* Ik heb een paar weken lang geen woord gewisseld met Hughes, hij werd er gek van. Hij belde ook steeds, maar ik nam niet op. Op een dag kwam hij me thuis halen, gingen we een stukkie rijden. Vertelde hij me over z'n vader die in de oorlog bij de RAF zat en bombardementen uitvoerde op Keulen en Neurenberg. Hij ging daar zo in op dat hij het autostuur behandelde als een mitrailleur. "Ta-ta-ta-ta-ta-ta-ta, daar moest ik dan wel weer om lachen. *"My father drops the bombs on those German fucking bastards."'*

Onder Hughes speelt Van der Lem ook zijn laatste wedstrijd in het betaalde voetbal, een verloren thuiswedstrijd tegen Roda JC, op 12 februari 1984. Een seizoen eerder begint de knie tegen te stribbelen, om de haverklap loopt het gewricht vol met vocht, operatief ingrijpen is onvermijdelijk. 'Na een wedstrijd op zondag kon ik van de pijn twee dagen niet trainen. Woensdag was de vrije dag, op donderdag begon ik lichtjes weer mee te trainen, op vrijdag ging het dan wel weer en in het weekend kon ik weer redelijk voluit. Maar op den duur was het niet vol te houden, ook vanwege de afnemende trainingsarbeid. De knie kon ik steeds minder belasten. Je zag 'm bijna vollopen. De binnenkant van m'n knieschijf was helemaal afgesleten, het was bot op bot. Ik was pas 31, maar het ging niet meer. Afkeuren was de enige optie.'

Afbouwen bij FC Utrecht wordt hem door de nieuwe trainer Nol de Ruiter niet gegund. Van der Lem moet er abrupt mee stoppen. 'De Ruiter dacht dat mijn aanwezigheid verstorend zou werken, ik kwam er niet meer in. Nee, ik heb niet gehuild, niet in de piepzak gezeten, maar het werd me wel duidelijk dat het gerieflijke voetballeventje voorbij was. Ik kreeg nog iets van een uitkering en ontving via het CFK elk kwartaal een bijlage, maar een vetpot was dat niet. Vergeet niet dat ik ook nog een nabetaling aan de belastingdienst moest doen vanwege de zwartgeldaffaire. Met mijn schoonvader kon ik een afbetalingsregeling treffen. Hij regelde de nabetaling, ik betaalde hem in termijnen terug en meldde me ondertussen elke ochtend om half acht in zijn loodgietersbedrijf. Maar ja, dan stond je ergens tot je enkels in de stront met daarboven een lijf met twee linkerhanden. Ik kon helemaal niks. Sterker, bij mij ging alles stuk. Stalen hamer of duimstok, niks overleefde het in mijn handen. Dat werkte dus niet. Toch heb ik dat nog een jaar gedaan. Heb nog een stortbak onder handen genomen bij de ouders van Ivo Niehe. In de hal wezen ze me op een levensgroot portret van hun zoon, maar ik deed net of ik hem niet herkende.'

Hoofdstuk 14

De trainer staat op

Zie je bij andere voetballers al tijdens hun actieve loopbaan dat er een trainer in hen schuilt, bij Van der Lem blijven die inleidende schermutselingen lange tijd uit. 'Het leek me niks, hoewel ik in mijn Roda-tijd al wel mijn diploma Oefenmeester D had gehaald. Ik lag vaak overhoop met trainer Bert Jacobs; hij en manager Hens Coerver vonden het een goed idee als ik een cursus ging volgen, dan besefte ik wat beter wat het vak van trainer inhield. Misschien zou ik dan wat meer m'n mond houden, was de achterliggende, pedagogische gedachte. Dus reisde ik elke zaterdagochtend naar Gulpen. Als Roda die dag moest spelen, werd ik vrijgesteld door de KNVB, dat had Jacobs zo geregeld. Stond ik als 22-jarige tussen volwassen kerels van tussen de dertig en veertig. Was best interessant, heb het papiertje ook gehaald.'

In de herfst van z'n carrière geeft hij zich op voor een cursus voor profvoetballers, waarbij de deelnemers in één keer het D- en C-diploma kunnen halen. 'D had ik al, ik ging voor m'n C. Oud-Ajacieden Heini Otto en Henkie van Santen deden het ook. In mijn laatste jaar FC Utrecht trainde ik het cluppie van m'n broer, JVVO. FC Utrecht speelde vaak op zaterdag, dan kon ik zondag zelf coachen. Het was derde klas onderafdeling, het stelde niks voor, maar we werden wel kampioen. Zo heb ik ook nog FC Majella en Swift onder m'n hoede gehad. Maar pas toen ik AZS ging trainen, Argonaut Zwarte Schapen, later Omniworld, tegenwoordig Almere City, werd het serieus. Een onderdeel van het contract was dat zij voor mij de Oefenmeester 1-cursus zouden betalen. Met dat zooitje ongeregeld van AZS werden we bekerkampioen in 1986. In de halve finale wonnen we van Quick Amersfoort met John van den Brom, in de finale versloegen we het Vlissingen van Peter van Vossen. Daarna vroeg Hans van Doorneveld me of ik zijn assistent wilde worden bij HFC Haarlem en zelfstandig het tweede elftal kon trainen. Verdiende ik per maand 1000 gulden mee.'

Van der Lem besluit om zijn werkloosheidsuitkering bij het GAK, de voorloper van het UWV, eigenhandig stop te zetten. 'Ik werd gek van die werkbriefjes die je in moest vullen, de verplichte sollicitaties. "Houden jullie je geld maar, ik wil er niets mee te maken hebben," liet ik ze weten. Natuurlijk moesten we de eindjes aan elkaar knopen, van die zwartgeldaffaire heb ik een vreselijke opdoffer gehad. Maar ik werd ook gek van dat GAK. Ze wilden de hele dag van je weten wat je aan het uitvreten was voor een luizige uitkering. M'n werkdagen waren aardig gevuld vanaf dat moment. Van half acht tot één zat ik op de werkplaats van m'n schoonvader, dan door naar Haarlem waar om half vier het eerste trainde en om half zes het tweede. Om half acht zat ik dan in videotheek De Sloterplas van Willem de Jager, de sponsor van Zwarte Schapen. Tot middernacht moest ik daar zitten. Druk was het niet, alleen in de pornoafdeling zat enige aanloop. Drie banen, vijf dagen in de week, man, ik had niet eens meer zin om te wippen. Was elke dag afgepeigerd.'

Na één jaar Van Doorneveld en twee jaar Dick Advocaat wordt het laatste jaar van Van der Lem bij HFC Haarlem, seizoen 1989/1990, het meest memorabele. 'Ik deed de cursus coach betaald voetbal, daarvoor moest ik maandelijks twee, drie dagen naar Zeist. Ik kreeg het drukker en drukker, zat ook nog bij die videotheek. Bij Haarlem kreeg ik te maken met Hans Eijkenbroek, maar die ging al snel de ziektewet in. Hij werd vervangen door Theo Verlangen tot het moment dat Eijkenbroek zich weer beter meldde. En dat was allemaal nog voor de winterstop. Haarlem stond stijf onderaan, ik liep op m'n tenen door al dat gedoe, had ook de wedstrijden van het tweede op maandagavond. In de voorbereiding op de tweede seizoenshelft haakte Eijkenbroek weer af; toen vroeg het bestuur of ik het niet wilde overnemen. Ik stemde in, maar dan wel voor het salaris van m'n voorganger. Kreeg ik opeens 3500 gulden in plaats van 1000. Toen kon ik eindelijk stoppen met loodgieten en opzeggen bij de videotheek. Ik voelde me opeens een man in bonis, ja, zo voelde het echt. Martin Haar woonde om de hoek bij het Haarlem-stadion, die liet ik mooi het tweede doen en zelf focuste ik me op de trainerscursus en tegelijk probeerde ik het vlaggenschip te behoeden voor degradatie. Maar daar was geen redden meer aan. We degradeerden roemloos met een punt of vijftien. Toch hoopte ik dat ik bij Haarlem kon blijven. Vond het een sympathieke club die met weinig middelen altijd goed had gepresteerd. Ik vond het echt een uitdaging om dat cluppie zo snel mogelijk terug te brengen in de eredivisie.'

Maar HFC Haarlem laat lange tijd niets van zich horen. Wanneer de club dan eindelijk aangeeft te willen praten over contractverlenging, heeft Van der Lem al drie aanbiedingen op zak. Zowel NAC als Sparta wil met de oefenmeester in zee terwijl de Amsterdammer zelf nog niet weet of hij wel geslaagd is voor het hoogste trainersdiploma. 'Maar daar hoefde ik me geen zorgen over te maken, verzekerde Sparta me. Ze hadden geïnformeerd bij de KNVB en die had het licht al op groen gezet.'

Maar dan moet het mooiste telefoontje nog komen. Uit De Meer. Ajax-trainer Leo Beenhakker aan de lijn. 'Hij kwam meteen ter zake. Ik dacht in eerste instantie dat Louis van Gaal weg zou gaan en dat ik Leo's assistent zou worden bij het eerste, maar hij had iets anders in gedachten. Of ik de jeugdopleiding wilde gaan leiden, waarbij ikzelf de A1 en de B1 zou gaan coachen. Een prachtig aanbod, maar ik wilde toch nog even met Haarlem in conclaaf. Die begonnen te zeuren dat ik ze om de oren sloeg met allerlei aanbiedingen, maar als ze iets slagvaardiger hadden gehandeld, was ik gewoon met HFC Haarlem de eerste divisie in gegaan. Nu voelden ze zich voor het blok gezet. Meer aansporing had ik niet nodig. Wat ook een rol speelde, is dat ik ooit zelf deel had uitgemaakt van de Ajax-opleiding. Dat ik er ooit was weggestuurd en nu een soort van revanche zou kunnen nemen. Op mezelf ook. Dat ik de mislukking van toen weg zou kunnen poetsen. Dat gaf een zekere mate van voldoening. Ik kreeg de kroonjuwelen van Ajax onder m'n hoede: de B1 en de A1. Dan heb je goud in handen. En dat bleek ook wel.'

Hoofdstuk 15

Een whisky van Louis

Van der Lem krijgt voor het eerst te maken met Leo Beenhakker, maar met diens assistent Louis van Gaal deelt hij wel een verleden: wat verder terug als teamgenoot bij Sparta, en wat recenter op het KNVB-sportcentrum in Zeist. 'Louis deed ook de opleiding coach betaald voetbal. Af en toe moest je dan een training geven aan je medecursisten, dat telde zwaar mee in het algehele cijfer. Als je in het weekend ervoor bij een wedstrijd was geweest, moest je een analyse maken en een training voorbereiden over een aspect dat door een van de teams niet goed was uitgevoerd. Ik was aardig nerveus, had de partijen al ingedeeld, totdat Louis naar me toekwam. "Gerard, ik denk dat deze oefening beter tot zijn recht komt als je het veld aan beide kanten vijf meter smaller maakt." Op dat wijsneuzerige gedoe van hem zat ik dus helemaal niet te wachten. "Louis, bedankt voor je input, doe nou maar gewoon wat ik van je vraag. Ik ben al een tikkeltje nerveus en dan kom jij er nog even overheen met dit." Toen zei hij:

"Dat begrijp ik, maar als je het veld een beetje aanpast, komt het nog beter uit de verf." "Ja, maar toch doen we het zoals ik het wil. Als jij de ruimtes te groot vindt om in te lopen, dan vraag ik wel een ander." Hij bond in, we deden het op mijn manier en het liep perfect. 's Avonds kwam Louis naar m'n tafeltje toe geschuifeld met een bacootje en een whisky in z'n handen. "Gerard, het ging geweldig, maar het had nog beter gegaan met een smaller veld." Wilde hij toch nog even z'n gelijk halen. "Ja maar Louis, als ik zondag tegen pakweg NEC speel, dan kan ik toch ook niet zeggen dat het veld smaller moet omdat ik eerder die week zo getraind heb? Die velden hebben nou eenmaal die afmetingen." Nog één keer sputterde Louis tegen: "Daar heb je gelijk in, maar voor je cijfer was het beter geweest, had je een half punt meer gehad." "Ik ben niet ontevreden, Louis." "Dat weet ik en daarom heb ik een lekker whisky'tje voor je gehaald. Proost." Nou, zo is het begonnen. Hij was assistent bij Ajax, ik zat bij Haarlem, hij was wat verder dan ik. Op een gegeven moment zei hij: "Gerard, ik denk dat wij Ajax kunnen veranderen. Dat wij van Ajax weer een topclub kunnen maken." Ik dacht even dat de baco's al naar z'n hoofd waren gestegen, waar had-ie het over? Ik stond op degraderen met Haarlem en hij had het over Ajax.'

Hoofdstuk 16

De ergernissen van Davids

De talentenvijver van Ajax is begin jaren negentig ongekend breed en diep, zelfs de meest onervaren hengelaar kan er naar hartenlust in vissen. 'In de A1 liepen Edgar Davids, Michael Reiziger, Tarik Oulida, Dick van Burik, Ignacio Tuhuteru en Clyde Wijnhard rond, in de B1 had ik de beschikking over Clarence Seedorf, Patrick Kluivert, Martijn Reuser, Mendel Witzenhausen, Michael Timisela en Mike Offenberg,' somt Van der Lem het grote aantal spelers met toekomst op. 'Die laatste lichting was er een om te zoenen, daar zaten gasten tussen die tegelijk in drie vertegenwoordigende elftallen speelden, in Oranje onder 14, 15 en 16. Zo goed waren ze. De A1 werd glansrijk kampioen van Nederland, met de B1 zaten we met 14- en 15-jarigen in een klasse met 16- tot 18-jarigen, die poetsten we helemaal weg. Die groep was zo getalenteerd, die speelden zes tegen zes met één keer raken in een beperkte ruimte op zo'n sublieme wijze, dat geloofde je bijna niet. Jan de Koning, een andere Ajax-trainer, ging examen doen in Zeist en wilde die oefening als warming-up laten zien. Volgens de leraren van de KNVB kon deze vorm helemaal niet, nou, het liep als een tierelier. "En meneer Van der Lem doet deze oefening twee keer per week," zei hij er nog achteraan. Stonden ze allemaal vol ongeloof te kijken, terwijl ze diezelfde spelers uitnodigden voor drie vertegenwoordigende elftallen tegelijk. Dus zo ongelooflijk was dat niet.'

Waar Van der Lem vooral op traint is de ontwikkeling van het zwakke been. 'Dat miste ik in mijn eigen opleiding bij Ajax, dat daar niet aan gewerkt werd. Iedere dag liet ik ze passen en trappen met het verkeerde been. Openen met links op rechts, of andersom met rechts op links. Na drie maanden wisten ze niet beter. Louis kwam weleens kijken. "Wat doe jij nou?" vroeg hij dan. "Ik wil dat ze zo snel mogelijk tweebenig zijn," antwoordde ik. Dan zag je 'm zo kijken, half overtuigd. Maar na drie maanden waren de inspeelpasses met beide benen van fluweel. Toen Frank Rijkaard in 1993 terugkeerde bij Ajax en hij de bal voor z'n linkerbeen had, speelde hij 'm liever met buitenkant rechts dan met links. Dat zag er voor een speler van zijn kaliber eigenlijk heel onbeholpen uit. Op een van de eerste trainingen deden we de oefening van het openen op links met rechts en andersom. Seedorf en Reuser stonden voor hem. Zowel met links als met rechts kon er bij beide heren een liniaal langs. Je zag Rijkaards verbijstering, hij wist echt niet wat hij zag. Toen hij met links moest openen, verdween de bal op het parkeerterrein. En de volgende ook. Hij ging ermee aan de slag. En na drie maanden schoot

Frank een bal met links knalhard in de kruising. Kwam-ie als een kind zo blij onze kant op.'

De Rijkaard-anekdote kan Van der Lem later nog een keer kwijt. Als hij voor de selectie staat van Barcelona met wereldtoppers als Pep Guardiola, Luís Figo en Luis Enrique erin. En met Rivaldo, Wereldvoetballer van het Jaar in 1999, maar stijf linksbenig. 'Die gebruikte zijn rechterbeen alleen om mee te lopen. Riep ik de groep bij elkaar en vertelde hen het verhaal van Frank Rijkaard. Dat hij twee jongetjes van 17 en 18 jaar de ballen tweebenig zag trappen en toen besloot om als 33-jarige en tweevoudig winnaar van de Champions League te gaan werken aan z'n chocoladebeen. Rivaldo was op dat moment 26 jaar en zei dat hij niks kon met rechts. Dat was ook zo, het was of-ie net leerde lopen. Maar hij was moeilijker te overtuigen dan Rijkaard.'

Moeilijke, onhandelbare jongetjes, Van der Lem krijgt er in z'n eerste Ajax-jaar al direct mee te maken. 'Op een zaterdag ging ik met de A1 naar FC Utrecht. Edgar Davids deed niet mee, die had z'n pols gebroken en zat in het gips. Op zijn plaats als linksbuiten speelde Ignacio Tuhuteru. Davids stond achter mijn dug-out. In zijn buurt hielden zich ook een paar Utrecht-aanhangers op, die rare dingen riepen naar hun rechtsback. Die moest 'die kut-Molukker' maar even in elkaar schoppen. Die gozer werd op die manier aardig opgehitst. Maar gelukkig was Tuhuteru een heel lichtvoetige speler, die daardoor de meeste aanslagen kon ontwijken. Maar op een gegeven moment kreeg hij me toch een zaag. Die kneuzen van toeschouwers dolblij en ja, daar zei Davids wat van. Toen sprongen er drie man op z'n nek, waarna Davids met z'n gipsen hand om zich heen maaide. Eén sloeg hij een gebroken neus, het was een hele toestand achter mijn dug-out. Ajax werd ervan in kennis gesteld en ik moest maandag bij Beenhakker komen. Wat er precies gebeurd was. Ik legde hem uit dat hij werd uitgedaagd, dat hij het opnam voor Tuhuteru, dat hij zich had verdedigd. Maar ja, dit was niet het eerste akkefietje waarbij Davids was betrokken. Dus zei Beenhakker: "Dit wordt niks. Ik denk dat we afscheid moeten nemen van Edgar." Louis vond het weliswaar een goede voetballer, maar was het wel met Beenhakker eens. Ook hij vond zijn gedrag niet acceptabel voor een Ajacied.'

Van der Lem moet terugdenken aan zijn eigen onverteerbare aftocht bij Ajax en besluit het voor Davids op te nemen. 'Ik betoogde dat het niet alleen een goede voetballer was die in de toekomst weleens een goede kracht voor het eerste zou zijn, maar ook dat ik bang was dat het verkeerd zou aflopen voor hem als de structuur die Ajax hem bood, zou wegvallen. "Als jij de verantwoordelijkheid wil nemen, *be my guest*," zei Leo, zo half zuchtend, op z'n Beenhakkers. Ik ging naar Davids toe en wist hem aan het verstand te brengen dat dit zijn allerlaatste kans was. Dat hij veel te snel reageerde op situaties, dat hij zich beter moest beheersen, dat zowel Beenhakker als Van Gaal op het punt stond hem weg te sturen. Ik zag de tranen al in zijn ogen komen. Ik vertelde hem dat ik ervóór was gaan liggen, dat de verantwoordelijkheid nu bij ons samen lag. Dat de eerstvolgende keer dat hij weer over de schreef zou gaan verstrekkende gevolgen zou hebben voor ons allebei. "Want dan is het einde oefening voor jou én voor mij," hield ik hem voor. Toen sprak hij de legendarische woorden: "Ik ga me beheersen, trainer. Ik ga me beheersen." En dat heeft-ie ook gedaan.'

Maar het kost hem zichtbaar moeite, merken Van der Lem en Van Gaal in de loop der jaren. 'Louis en ik stonden altijd bij de deur, gaven we iedereen een hand die naar de training kwam. Edgar durfde je niet eens aan te kijken met die schichtige blik van hem, hij ging constant het gevecht aan, zelfs bij het geven van een hand. Maar hij kon het gelukkig controleren, z'n continue ergernis in bedwang houden. Bij Ajax dan hè, bij Oranje in 1996 ging het fout. Hij had z'n woede diep weggestopt, nu kwam die weer in alle hevigheid aan de oppervlakte. Hij bespeurde onrecht, hij vond dat spelers niet dezelfde behandeling kregen van bondscoach Guus Hiddink. Toen floepte bij hem eruit dat de trainer z'n hoofd niet in de aarzen moest steken van sommige spelers. Ja, toen was het einde oefening voor hem bij Oranje.'

Het zijn de dagen van de kabel – de hechte onderlinge band tussen donkere spelers – dat tijdens dat EK een negatieve connotatie krijgt wanneer spelers als Davids, Seedorf en Bogarde zich gaan roeren. De kiem van het conflict ontstaat veel eerder. Het trio voelt zich achtergesteld bij blanke collega's als Blind en De Boer die betere contracten krijgen aangeboden van de beleidsbepalers van Ajax. De vuile was komt pas naar buiten bij Oranje; bij Ajax merkt men weinig van de onvrede. 'Ik heb nooit geweten wat spelers precies verdienden, dat interesseerde me niet zoveel. Wel voelde ik in die periode dat er wat wrijving was. Blind en Frank de Boer hebben nog geprobeerd om de lucht te klaren, ze betoogden dat ze niet werden voorgetrokken, dat ze gewoon de contracten goed hadden uitonderhandeld. Laat ik een voorbeeld geven: als Davids 100.000 gulden verdient en dat contract wordt opgehoogd naar een miljoen, is hij zo blij als een kind. Totdat-ie hoort dat er ook spelers zijn die het dubbele verdienen – dan denk je dat je in de maling wordt genomen. Maar is dat ook zo? Misschien hebben die andere spelers het wel slimmer gespeeld, beschikken ze over betere zaakwaarnemers. Het werd al snel als discriminatie gebracht, wit verdient meer dan zwart, maar dat was wat al te simplistisch gesteld. Het heeft ook nooit tot escalatie geleid binnen Ajax, het werd opgespaard voor Oranje. Toen brokkelde het teamgevoel af, deden ze het niet meer voor elkaar. Hiddink was machteloos, hij kon er geen eenheid meer van maken. Hij kon ook weinig anders doen dan Davids wegsturen.'

Van der Lem ziet parallellen met z'n eigen gedrag in zijn begintijd als voetballer. 'Ik kon ook niet tegen onrecht, ik was ook moeilijk te managen, ze konden me niet raken. Dan wordt al snel de strijd opgegeven. Ik ben er nooit rouwig om geweest dat ik ervóór ben gaan liggen, want al met al heeft Edgar een geweldige carrière gehad. Een geweldige prof die z'n lichaam perfect verzorgde en altijd bezig was met extra trainingen, zoals later Cristiano Ronaldo dat ook deed. Ik denk dat hij zijn leven nu aardig op orde heeft.'

Hoofdstuk 17

Tranen van Seedorf

Een jaar of zeven geleden wordt Van der Lem gebeld. Onbekend nummer, ziet hij op het schermpje van zijn mobiele telefoon. Maar als hij zijn naam heeft genoemd, hoort hij een bekende stem aan de andere kant van de lijn. Een stem die hij herkent van de vele discussies die hij heeft gevoerd met deze vroegrijpe middenvelder. 'Clarence was op jonge leeftijd al flink overtuigd van zijn eigen kwaliteiten. Dat leverde nog weleens wat wrijving op. Hij was altijd van het ja-maar, dat begon al in de B1 waar ik hem voor het eerst tegenkwam. Als B-junior van Ajax speel je tegen A-junioren van andere verenigingen; het was dan de kunst om de fysieke duels te ontlopen, om de bal snel te laten gaan. Daar had Clarence weleens moeite mee. Hij was natuurlijk groot en sterk voor zijn leeftijd, wilde telkens de confrontatie aangaan, maar dat was dus net niet de bedoeling. Hij had al vroeg een eigen mening, die wilde hij graag ventileren, het liefst al tijdens de training, maar ik verwees hem altijd naar de trainerskamer na afloop. Die ruimte gaf ik hem wel. Maar binnen de lijnen was het een ander verhaal. Hij verspeelde een keer in een wedstrijd in korte tijd drie ballen, toen haalde ik hem binnen een kwartier naar de kant. Kwam Clarence woedend aangelopen, keek naar z'n vader, maar die was het volledig met mij eens. Hij moest de duels ontlopen, niet opzoeken. Het ging om het verhogen van zijn overzichts- en handelingssnelheid, misschien maar met één seconde. Dat is in het topvoetbal wel net het verschil tussen een doorsnee speler en een topper.'

Het kost wat moeite, maar uiteindelijk slaan de lessen aan bij Seedorf. Dat resulteert op 28 oktober 1992 in een mijlpaal wanneer hij in een bekerwedstrijd tegen VVV de jongste Ajax-debutant aller tijden wordt met zijn 16 jaar en 211 dagen. 'We stonden 4-1 voor, er was nog een halfuurtje te spelen, het was een ideaal moment om hem te laten debuteren. Louis was het er eerst niet mee eens ("Het staat toch goed?"), maar toen ik zei dat we met zo'n jonge debutant trendsettend zouden zijn, ging hij overstag en mocht Clarence warmlopen. "Lekker die bal laten gaan," riep ik hem nog toe. We waren al een paar jaar met hem bezig, ik had er alle vertrouwen in. Twee minuten na zijn invalbeurt stond het 3-4. "Dat is lekker," zei Louis met een schuin oog naar mij. Gelukkig liepen we in het laatste deel van de wedstrijd nog uit naar 3-7.'

En nu heeft hij Clarence Seedorf aan de lijn, iets gerijpter dan twintig jaar geleden in Venlo.

Na de gebruikelijke uitwisseling van algemeenheden komt hij ter zake. 'Hij was ook eigenaar van Monza, een cluppie uit de Italiaanse Serie C waar een trainer rondliep die niet zo goed overweg kon met de vele jonge spelers die daar onder contract stonden. Clarence vroeg of ik hem uit de brand wilde helpen, of ik het seizoen kon afmaken. Alleen werkte ik op dat moment bij Kayserispor in Turkije, als rechterhand van Shota Arveladze. Het seizoen erop zou ik er wel in kunnen springen, maar dat was de bedoeling niet.'

Aan het eind van het gesprek diept Seedorf nog een herinnering op die hij nooit is vergeten, Van der Lem trouwens ook niet, en vertelt: 'We hadden met de B1 een toernooi in België en waren ondergebracht in een mooi, oud kasteeltje met maar één ingang. Handig als je op zaterdag de spelers vrij geeft zodat ze naar de kermis mochten in een dorpje verderop. Tussen zeven en negen uur 's avonds mochten ze zich uitleven, daarna moesten ze weer terug in het kasteeltje zijn. De dag erop zouden we de finale van het toernooi spelen tegen Feyenoord. Leider Rolf Grootenboer en ik nestelden ons in de tuin, bij die ingang, met een biertje en een whisky en wachtten keurig op de spelers. Om negen uur ontbraken er nog vier volgens Rolf: Seedorf, Michael Timisela, Mendel Witzenhausen en Mike Offenberg. Precies de vier die ik had verwacht. Om half tien zagen we wat bewegen onder een auto. We keken er zó onderdoor, zagen twee paar benen van links naar rechts kruipen en weer terug. "Kom maar tevoorschijn hoor, we hebben jullie allang gezien." Kwamen

Timisela en Witzenhausen schoorvoetend aangelopen. Kwartier later, weer twee spelers achter dezelfde auto: Seedorf en Offenberg. Ik zei hetzelfde als tegen de andere twee: morgen niet spelen. We hadden vijftien spelers, het kon net. Tot er een kwartier later nog twee aan kwamen kakken: Martijn Reuser en Jerry Borrius. Toen hadden we een probleem. Grootenboer vond het al vreselijk dat die eerste vier niet mee zouden doen, die zaten in drie Oranje-elftallen tegelijk. Zonder dat viertal waren we kansloos tegen Feyenoord, dacht Grootenboer. Maar goed, nu was er een ander probleem dat we moesten oplossen. De week erop speelden ze tegen Engeland, op Wembley. Als het aan mij lag zouden ze die interland missen als strafmaatregel. Beenhakker lichtte de KNVB in, maar die waren natuurlijk *not amused*, want ook in die Oranje-elftallen staken ze erbovenuit.'

Beenhakker wil z'n vroegere broodheer de KNVB niet voor het hoofd stoten en kiest voor een harde confrontatie met het viertal. De dag nadat Feyenoord in de finale met 6-0 wordt verslagen, worden Seedorf, Offenberg, Witzenhausen en Timisela ontboden in de bestuurskamer van het jeugdcomplex op Voorland waar ze de wind van voren krijgen van Beenhakker. Van der Lem: 'Dat kon je wel aan Leo overlaten, die veegde enorm de vloer met ze aan. Aan het eind van die tirade kwam ik natuurlijk toevallig binnen, waarna Beenhakker hen de gelegenheid bood om zich bij mij te excuseren. Seedorf begon meteen te huilen, de tranen liepen hem over de wangen. "Trainer, ik zal het echt nooit meer doen," wist hij nog net uit te brengen tussen het vele snikken door. Toen was ik natuurlijk gelijk verkocht. Ik legde nog iets uit over afspraken die zowel binnen als buiten het veld nagekomen moeten worden, dat ik niet van straffen hield, maar dat ze dat wel moesten gaan leren. Op het eind huilden ze alle vier, toen was het doel wel bereikt. Die dag en die les is Seedorf nooit vergeten, verklapte hij later in dat telefoongesprek. Prachtige speler, veel gewonnen, maar wel met een uitgesproken mening die niet altijd door iedereen werd gewaardeerd. In Oranje was er altijd discussie over zijn persoon. Sommige trainers durfden niet met hem in zee te gaan. Op dat soort momenten had ik graag gezien dat ik bondscoach was geweest. Dan had Clarence nu op 120, 130 interlands gestaan.'

Van de vier querulanten uit België is enkel Seedorf doorgebroken in de top van het betaalde voetbal, de rest haakt onderweg af. 'Terwijl Offenberg misschien wel het grootste talent was dat er in die dagen bij Ajax te vinden was. Die legde een bal vanaf veertig, vijftig meter zo op je stropdas. Maar ja, in de bovenkamer moet het natuurlijk ook allemaal kloppen. Dat was bij Offenberg niet altijd het geval. Ik zei altijd dat hij een knikker in z'n hoofd had. Als die stillag was er niets aan de hand, maar er hoefde maar weinig te gebeuren om dat ding in beweging te zetten. Als hij een onschuldig duwtje kreeg van een teamgenoot kon hij helemaal door het lint gaan. Dan ging hij in de achtervolging en deelde een enorme schop uit. Die kortsluiting kon op elk moment plaatsvinden.'

Vanwege zijn enorme talent wordt Offenberg telkens de

hand boven het hoofd gehouden, maar het houdt een keer op. 'Dat was op een maandag toen hij als A-junior met het tweede mee zou doen tegen Feyenoord. Hij zou starten in de basis, z'n naam stond op het bord, de spelers druppelden al binnen, op één na. En die zagen we pas een kleine week later terug. Maar eerst was er enige paniek, ook vanwege het milieu waarin Mike vertoefde. Z'n opa was goed bevriend met de Heineken-ontvoerders Holleeder en Van Hout, ze kwamen geregeld met z'n drieën de wedstrijden van Mike bekijken. Op donderdag kreeg ik eindelijk z'n moeder te pakken die vertelde dat er niets ergs was gebeurd, maar dat ze er ook niet over kon praten. Een dag later kwam hij doodgemoedereerd weer aanlopen met z'n tas. Louis was furieus, ik zei hem dat hij een heel goede reden moest hebben voor zijn afwezigheid, anders was het niet meer te redden. Weet je wat-ie zei? (Met lijzige stem) "Ik kreeg een aanbieding van Monaco of ik mee wilde trainen. De eerste twee dagen waren leuk, maar toen ging ik Amsterdam missen. En nu ben ik er weer." Louis pikte het niet en toen is hij weggestuurd. Spelers die dit soort gedrag vertonen redden het niet, betoogde hij, en daar heeft hij gelijk in gekregen.'

Hoofdstuk 18

De lokroep van Louis

Op 27 september 1991 heeft Louis van Gaal belangrijk nieuws voor de trainer van de A1 en de B1 van Ajax. Een dag later, na de wedstrijd tegen Fortuna Sittard, zal Leo Beenhakker het voor gezien houden als hoofdtrainer van Ajax. Don Leo kan een aanbieding van Real Madrid niet weigeren, zoals Van Gaal de wens van het Ajax-bestuur om Beenhakker op te volgen inwilligt. En Van Gaal wil op zijn beurt Van der Lem als voornaamste assistent. "Want ik heb het idee dat wij complementair aan elkaar zijn," vond Louis. Ik antwoordde hem dat ik daar nog even over wilde nadenken, ook al omdat ik de betekenis van het woord 'complementair' nog even wilde opzoeken. "Over nadenken? Dat vind ik ongelooflijk," foeterde Louis. Dat kon Louis dan wel vinden, maar ik had twee geweldige elftallen onder m'n hoede, en waarmee ik de hele wereld over reisde. Maar na een dag of drie zei ik hem dat ik het ging doen. "Heel verstandig, Gerard," zei Louis. Ik moest meteen terugdenken aan dat gesprekje van anderhalf jaar eerder op de trainerscursus toen hij met een whisky aan kwam zetten. Dit had hij al die tijd al in z'n hoofd zitten en nu werd het realiteit.'

Het is een doldwaze periode, de wittebroodsweken van het duo. Van Gaal zet zichzelf neer als een zelfbewuste, van zichzelf overtuigde, een tikkeltje pedante schoolmeester die tijdens zijn eerste ontmoeting met de vaderlandse pers gelijk zijn deugden ('consequent, eerlijk, direct en hard') opsomt. In de media valt meteen de term 'schrikbewind' te lezen. 'Er waren acceptatieproblemen,' zegt Van der Lem met gevoel voor understatement. 'En niet alleen in de media. Door zijn uitgesproken meningen moest iedereen aan hem wennen. Ik ook. Veel mensen vonden het een rare kwibus, niemand kende hem ook goed. Hij was door het bestuur opeens naar voren geschoven, hij had geen groot palmares als speler. En meteen had hij het hoogste woord, hij was nogal zeker van zichzelf.'

In de eerste weken regent het invitaties voor het nieuwe uithangbord van Ajax. Van Gaal ziet daarin de bevestiging dat hij goed bezig is. 'Kreeg hij een uitnodiging voor een golftoernooi, dat vond Louis prachtig. Maar dat waren dezelfde uitnodigingen die z'n voorganger ook ontving. Die golffiguren maakten het echt niet uit of Leo of Louis een balletje kwam slaan, die wilden gewoon pronken met de hoofdtrainer van Ajax, daar konden ze dan mee op de foto. Dat probeerde ik hem duidelijk te maken, dat ze hem uitnodigden omdat dat interessant was, niet omdat ze hem zo aardig vonden. "Want zo aardig doe jij niet tegen de mensen, Louis. De meesten blaf je gewoon af." Dat was natuurlijk tegen het zere been van Louis. "Jezus Gerard, dat jij dat nou tegen mij moet zeggen." Want Louis ervoer dat niet zo, omdat hij altijd zei wat hij dacht. "Maar dat is vaak niet leuk voor mensen om te horen," hield ik hem een spiegel voor. Daar moest hij even over nadenken.'

Tijdens zo'n invitatie krijgen Van Gaal en Van der Lem het op de golfbaan voor het eerst met elkaar aan de stok. 'Op het moment dat Louis wilde afslaan, begon ik tegen hem te praten. Dat vond-ie vreselijk, hij zei tegen me dat zulk gedrag niet thuishoorde op de golfbaan. "Dat maak ik zelf wel uit," zei ik toen. "Ik kan de hele tijd wel naar de eendjes en de zwanen kijken, maar ik vind een beetje praten ook wel gezellig, zeker als je elkaar net pas goed leert kennen." Toen hij weer wilde afslaan, begon ik weer een praatje: sloeg hij zo'n hele plag uit de grond. Ziedend was-ie. Vooral ook omdat hij daarvoor had gezegd dat hij de bal in één keer op de green zou slaan. "Jou neem ik nooit meer mee," beet hij me toe. Maar tijdens de winterstop dook hij opeens op in het wintersportplaatsje waar ik met m'n gezin op vakantie was. Hij skiede me bijna ondersteboven – toen hij z'n muts afdeed, zag ik pas dat het Louis was. Hij had een week eerder gevraagd waar ik kerst zou gaan vieren, maar ik had nooit gedacht dat hij me achterna zou komen. 's Avonds deden we spelletjes met de meiden, daar was-ie dol op, op spelletjes.'

Van Gaal beperkt z'n verrassingsbezoekjes aan de Van der Lemmetjes niet tot de winter of zelfs Europa alleen. 'Jaren later vroeg hij me vlak voor de zomer hoe ik de vakantie ging besteden. Ik deed in die tijd voetbalkampen in Amerika. Kreeg je 1000 dollar voor, plus gratis tickets, hotels en een huurauto, en vrouw en kinderen mochten ook mee. Stond ik ergens op een veld in Los Angeles en wie kwam er in de verte aanlopen, gekleed in een mooie polo met een korte broek eronder? Ja hoor, Louis, samen met Truus, met wie hij toen net wat had. Namen ze de kinderen nog mee naar SeaWorld. Bij mij zeurden ze om het kwartier om een ijsje, dat hebben ze bij Louis niet gedaan.'

Het is flink wennen: de eigengereide, beetje contactgestoorde en nogal met zichzelf ingenomen Van Gaal contra de joviale, sociale en goedlachse Van der Lem. 'Het is de meest gestelde vraag aan mij: hoe heb je het zo lang uit kunnen houden met een type als Van Gaal? Maar ik denk dat Louis meer aan mij moest wennen dan ik aan hem. Omdat ik mezelf makkelijker aanpas aan mensen, aan situaties. Louis is zoals hij is, die past zich niet aan. Dat was in het begin het grote probleem, ook met de pers. Als je net begint als hoofdtrainer en je wordt niet geaccepteerd, dan is dat best lastig. In het stadion hingen spandoeken met afbeeldingen en teksten van Johan Cruijff erop, die zag hij natuurlijk ook. In het begin waren we kwetsbaar, we waren bezig met het renoveren en het opbouwen van het elftal, daar moet je de tijd voor krijgen. Je kan die situatie maar op één manier pareren: met prestaties. Gelukkig wonnen we dat eerste jaar meteen de UEFA Cup. Veel kritiek werd toen in de kiem gesmoord.'

Ajax werkt in dat eerste jaar een paar memorabele wedstrijden af in Europees verband, waarvan de eerste drie plaatsvinden in het Rheinstadion van Fortuna Düsseldorf vanwege een UEFA-straf. Twaalf wedstrijden op rij blijft de equipe van Van Gaal ongeslagen, een reeks die ten koste gaat van clubs als AA Gent, Osasuna en Genoa. Als in de heenwedstrijd van de finale Torino op 2-2 wordt gehouden in Stadio Delle Alpi, via goals van Wim Jonk en Stefan Pettersson, moet op 13 mei 1992 de apotheose volgen van het eerste seizoen Van Gaal/Van der Lem. 'De avond voor de wedstrijd kwam de dokter langs met een vervelende mededeling: Dennis Bergkamp had veertig graden koorts, die moest naar huis toe en onder de wol. Die kon onmogelijk spelen. Dat was een flinke domper. Aan de andere kant hadden wij aan een gelijkspel genoeg en hadden we het thuisvoordeel. We speelden altijd goed in het Olympisch Stadion, daar hing altijd een fantastische sfeer. Ik weet nog goed dat we twee uur voor de wedstrijd aan kwamen rijden, we draaiden het plein op bij het stadion, ik keek verwachtingsvol de hoek om... en zag een bijna leeg plein, er liep amper iemand. Het leek wel een thuiswedstrijd van FC Amsterdam. Louis en ik keken elkaar aan, we begrepen er niets van. We liepen naar de kleedkamer, nog steeds hadden we niets door. Totdat we op het veld kwamen, toen bleek dat iedereen al zat, 42.000 man sterk. Vuurpijlen afstekend, *You'll Never Walk Alone* zingend, man man man, wat een sfeer. Als ik eraan terugdenk, lopen de rillingen me weer over de rug. Dat heb ik later nooit meer meegemaakt, ook niet in de Champions League of later voor de Wereldcup tegen Grêmio. Waarschijnlijk omdat het de eerste keer was. Met de steun van het publiek en met wat geluk bleven we overeind. Vlak voor tijd schoten die gasten nog op de lat, maar het bleef 0-0, wat ons de beker opleverde. Ik ging nog op de schouders bij Louis en later die avond zijn we met de cup nog langs geweest bij de zieke Bergkamp.'

Hoofdstuk 19

Telefoon

Op een ochtend wordt er in de trainerskamer een drietal nieuwe technische snufjes afgeleverd: ook bij Ajax doet de mobiele telefoon zijn intrede. Handig voor op reis, als er nieuwe spelers of tegenstanders gescout moeten worden: kunnen de bevindingen gelijk worden doorgebriefd naar de immer nieuwsgierige Van Gaal. 'Ton Pronk was het hoofd van de scouting, ik was ook vaak onderweg, dus die mobiele telefoons waren zeer welkom. Louis ging er meteen mee aan de slag. Hij gaf Ton ook een exemplaar, ik verwachtte dat hij mij die derde gaf, maar die verdween in een la. "Jij doet maar samen met Ton," zei Van Gaal. Ik geloofde m'n oren niet. Hoe kun je nou met z'n tweeën één telefoon beheren? Maar Louis was onvermurwbaar. "Het moet functioneel zijn, Gerard," zei hij een paar keer. Hij vond het blijkbaar functioneler dat ik in het buitenland eerst met een taxi terug moest naar het hotel om dan via een vaste lijn mijn wetenswaardigheden door te bellen, met een torenhoge rekening als gevolg, dan dat ik hem in de rust of meteen na een wedstrijd kon bellen.'

Op de terugweg naar huis rijdt Van der Lem langs een winkel met mobiele telefoons. 'Kocht ik exact zo'n Nokia als Louis had gekregen. Sprak ik met m'n vrouw af dat ze me de dag erop zou bellen om vijf over tien, vijf minuten na de start van de stafbespreking, zoals Louis het altijd noemde. De volgende dag ging m'n telefoon, ik had 'm onder een stapel papieren gelegd, maar Louis dacht dat zijn eigen mobieltje rinkelde, dat in een la lag. Hij pakte 'm tevoorschijn, drukte op wat knopjes, totdat ik m'n telefoon oppakte en wat dingen met m'n vrouw besprak. Zag je Louis zo kijken. "Waar komt die telefoon vandaan?" vroeg hij. "Die heb ik zelf gekocht," antwoordde ik. Hij wilde meteen m'n nummer hebben, maar dat gaf ik 'm niet. "Sorry Louis, ik gebruik deze alleen privé, anders is het niet functioneel." Hij vroeg nog wekenlang om mijn nummer.'

De rolverdeling binnen het team Van Gaal/Van der Lem is vanaf het begin duidelijk. De laatste is de *good cop*, als tegenhanger van 'Bromsnor' Van Gaal. De hoofdtrainer kent zijn beperkingen op sociaal terrein; het is de bedoeling dat de assistent wordt geconsulteerd als spelers ergens mee zitten. 'Louis kon spelers echt afbranden, dan kwamen ze bij mij uithuilen. Dan zei ik maar zoiets als: "Dat doet hij alleen als hij het echt in je ziet zitten." Dan gaf ik er maar een positieve draai aan. Louis zei wel dat zijn deur altijd openstond, maar niemand durfde er naar binnen, de drempel zat in de buurt van het plafond. De afstand naar mij was veel kleiner voor de spelers. Veel van wat ze vertelden, heeft Louis nooit bereikt. Ik vond dat hij zich meer moest openstellen naar de spelers, maar Louis zat er niet mee, hij kende zichzelf maar al te goed. "Ik ben zoals ik ben, daar hebben ze maar mee te dealen," zei hij erover. Hij vond ook dat iedereen zijn gedrag maar moest accepteren, want: "Ik ben de hoofdtrainer." Ja, daar viel weinig tegenin te brengen.'

Twee uiteenlopende karakters verenigd in dat ene doel: Ajax terugbrengen aan de top, eerst in Nederland, vervolgens in Europa. En het werkt, ondanks het stugge karakter van de een en het toegankelijke van de ander. 'Het is me zo vaak gevraagd: hoe kon je met zo'n man werken? Maar weet je: het kostte me geen enkele moeite. Ik heb voor en na Louis met allerlei achterbakse figuren bonje gehad, met Louis nooit. Natuurlijk, hij kon confronterend en hard zijn, maar hij was wel echt. Hij heeft nooit tegen me gelogen, verkocht zelfs geen leugentjes om bestwil. Hij speelde geen spel. Ik heb me nooit ongemakkelijk bij hem gevoeld, in tegenstelling tot al die anderen die altijd het gevoel hadden dat ze bij hem op hun tenen moesten lopen. Die verkramping heb ik nooit gevoeld. En hij niet bij mij, hij wist al heel lang dat wij een goed koppel zouden vormen. Ik kon met 'm dealen, hoewel ik hem naar buiten toe altijd moest verdedigen. Mensen vonden hem arrogant, maar ik heb dat nooit gevonden. Ja, hij was overtuigd van zichzelf, maar is dat een slechte eigenschap? Dat we elkaar konden velen, betekende trouwens niet dat we vrienden waren. We zagen elkaar al bijna dagelijks, je dacht toch niet dat ik op die spaarzame vrije dag gezellig naar Louis ging? "Ik ben blij dat ik je een dag níét zie," zei ik dan tegen hem. Voor de vorm sputterde hij dan een beetje tegen, maar hij moet toch hetzelfde gedacht hebben? Even een dag geen flauwe grappen, even een dag verlost van die walmende sigarenrook. Maar ik moest het ook niet wagen om in de dug-out plaats te nemen zónder sigaren. We openden altijd de score tijdens mijn tweede sigaar, dat werd echt de gelukssigaar. Louis werd op een gegeven moment zo bijgelovig dat ik de eerste sigaar van hem al na een paar trekjes moest weggooien en meteen de tweede moest opsteken, des te eerder zouden we dan scoren. Dat hij bijna continu in de rook zat, aan de andere kant pafte ook Bobby Haarms de ene na de andere sigaret weg, deerde hem niet. De trainerskamer stond ook altijd blauw van de rook.'

Hoofdstuk 20

E.T in De Meer

In zijn zucht naar renovatie bindt Van Gaal openlijk de strijd aan met publieksspelers als John van 't Schip en Bryan Roy. Beiden moeten niet al te lang na Van Gaals aanstelling het veld ruimen. Van 't Schip beproeft in de zomer van 1992 zijn geluk bij Genoa, Roy volgt in het najaar diens spoor naar Italië en gaat aan de slag bij Foggia. Van der Lem ziet ze met lede ogen vertrekken. 'Van 't Schip wilde op 10 spelen, weg van de flank. Hij was gezegend met een fraaie passeerbeweging en een mooie voorzet, maar hij wilde niet verder als rechtsbuiten. Maar we hadden op 10 al Dennis Bergkamp lopen en die functioneerde daar beter dan Van 't Schip. Het trio Jonk-Bergkamp-Pettersson was een zekerheidje, die waren zo goed op elkaar ingespeeld, de een wist precies wat de ander deed. We hadden dus geen andere positie voor Van 't Schip.'

Op de linkerflank heeft Bryan Roy een ander probleem. 'Hij was gek van het kunstje. Die wilde liever nóg een keer een speler uitkappen dan dat hij een voorzet gaf. Het publiek vond het schitterend, zijn medespelers niet. Want die liepen steeds voor lul naar de eerste of de tweede paal. Op de training ging het nog wel, maar tijdens wedstrijden was Bryan onverbeterlijk. Het was een heerlijk joch, dat gold trouwens ook voor Van 't Schip, toch was het beter dat ze zouden vertrekken bij Ajax. Het publiek en de pers zetten er in eerste instantie hun vraagtekens bij. Wat doet die Louis allemaal?'

In het voorjaar van 1993 moet nog een andere sterkhouder het ontgelden, maar aan het passeren van Stanley Menzo als eerste keeper kunnen Van Gaal en Van der Lem niet onderuit. De goalie gaat zo kinderlijk in de fout in een UEFA Cup-duel met Auxerre dat er geen houden meer aan is – voor het eerst in acht jaar komt de doelman op de bank terecht. Vier dagen na het echec in Frankrijk neemt Edwin van der Sar in het uitduel met Volendam (0-0) plaats onder de lat, een plek die de keeper uit Voorhout pas zes jaar later weer vrijgeeft als hij vertrekt naar Juventus. 'Ja, het passeren van Stanley was een grote tragedie, maar we konden niet anders. Hij ging te veel fouten maken, dat kostte ons punten. Hij raakte eerst z'n vaste plek in Oranje kwijt, en na die wedstrijd tegen Auxerre waarin hij de bal uit een corner in z'n eigen doel sloeg, was hij bij ons aan de beurt. Louis was rücksichtslos daarin, niet pappen en nathouden, maar doen. Van der Sar was nog niet zo ver als Stanley, maar toen hij eenmaal eerste keeper was, ontwikkelde hij zich snel. Stan nam het als een prof, hij heeft ons in het openbaar nooit de schuld gegeven. In 1994 is-ie naar PSV gegaan.'

Intussen is het takenpakket van Van der Lem dat seizoen uitgebreid. Hij heeft inmiddels de leiding over het tweede elftal, als vervanger van Ton Pronk die hoofd scouting wordt. 'Louis wist dat er uit de jeugd een hoop spelers zouden doorstromen en dat ik ze bijna allemaal goed kende. Hij ging op mijn expertise af, als ik vond dat een speler uit het tweede goed genoeg was om aan te sluiten bij het eerste, dan gebeurde dat ook.'

Maar een echte vervanger voor Bryan Roy zit er niet tussen. Eerst wordt Davids op de linkerflank geprobeerd, maar die komt beter tot z'n recht op het middenveld. Ajax moet de transfermarkt op. Maar er is één probleem: veel geld is er niet. Weliswaar is een zomer eerder Richard Witschge voor 8 miljoen gulden verkocht aan Barcelona, maar dat geld is hard nodig om een dreigend faillissement af te wenden. Een zwartgeldcircuit dat in 1988 wordt blootgelegd in De Meer laat nog jaren nadien zijn sporen na. 'We hadden zelfs geen geld voor postzegels op de kerstkaarten,' is een veel aangehaald citaat uit die tijd van voorzitter Michael van Praag. Dus wanneer de technische staf een nieuwe speler op de korrel heeft, zoals in de zomer van 1992, wordt er gewikt en gewogen door penningmeester Arie van Os. 'We waren erg gecharmeerd van Overmars, die bij Willem II speelde. Maar die moest 800.000 gulden kosten. Van Os vroeg wie we nog meer op het lijstje hadden staan; daar stond enkel Bart Latuheru op, van Vitesse. Dat vond Van Os een prima alternatief, maar vooral omdat hij al uitgevogeld had wat die moest kosten: 250.000

gulden. Dus die liep constant Latuheru bij ons te pushen. "Als jullie hem willen, heb je 'm morgen op de training." Dat zei hij de hele tijd. Maar wij wilden Overmars, dat jochie had alles in zich. Uiteindelijk kregen we toch ons zin. Ajax verkocht Aron Winter voor zeven miljoen aan Lazio Roma, en ik belde meteen Louis dat we nu voor Overmars moesten gaan. "Haha," lachte Louis, "wie denk je dat ik gisteravond heb gebeld? Hij wordt overmorgen gekeurd." Ik ben meteen met 'm aan de slag gegaan. Marc was razendsnel, kon goed binnendoor, had een prima schot, maar één ding ontbrak: een goede voorzet. Als hij dat wapen goed zou weten te ontwikkelen, zou geen enkele verdediger meer vat op hem krijgen. Want dan was er een keuze: binnendoor of buitenom. Hij keek me aan en begreep me, leergierig als Marc was. Twee keer per week ging ik individueel met hem aan de slag. Na twee, drie maanden had hij een acceptabele voorzet en die is-ie nooit meer kwijtgeraakt. Hij stuurt me nog weleens een appje, dat ondertekent hij dan met: *Van je oude linksbuiten met z'n niet-onaardige voorzet.*'

Er komen nog meer nieuwe spelers binnen, de een wat exotischer dan de ander. Jari Litmanen moet op termijn Dennis Bergkamp opvolgen, maar is in het begin nog wat bleu. Het offensieve gedeelte wordt in de loop van 1993 verder opgevuld met de Nigerianen Finidi George en Nwankwo Kanu. Hoewel de naam van de eerste letterlijk 'stralende toekomst' betekent, baart de jongste van het stel het meeste opzien. 'We kregen in die periode veel Afrikanen over de vloer die hun geluk hier kwamen beproeven. Die trainden een paar dagen mee en dan moesten we de meesten weer teleurstellen. Op een avond zat er een lange slungel in de kleedkamer die me nog het meest aan E.T. deed denken. Lange hals, groot hoofd, grote ogen en hij bewoog zich voort als een soort giraffe. Er lagen nog van die tegeltjes in de kleedkamer, toen hij naar buiten wilde met z'n schoenmaatje 48 viel hij meteen plat op z'n snufferd. Ik voelde gelijk medelijden met hem. Wat moest dit worden?'

In eerste instantie ziet de rest van de groep deze brekebeen niet als een bedreiging, maar dat beeld verdient razendsnel bijstelling. 'Tijdens de rondo kwam hij maar niet in het midden te staan, het leek wel of hij ogen in z'n achterhoofd had. Het was een attractie op zich. Bij de aanname van een bal draaide hij rond zonder dat de bal van z'n voet ging; met een soort van pirouette sleepte hij de bal dan naar een teamgenoot. Hij bleef ook maar stoïcijns kijken, niets bracht hem uit z'n evenwicht. Je zag die andere spelers loeren: wat hebben we nu in huis? Diezelfde avond belde Louis op om te vragen of we Kanu konden gebruiken. Ik vond het een geweldenaar. Later begreep ik van onze chef-scout Ton Pronk dat Kanu de show had gestolen op het WK van 1993 in Japan voor spelers tot 17 jaar. Nigeria won dat toernooi ook.'

Van der Lem trekt zich het lot van de ontheemde Nigeriaan aan, vooral na een bezoek aan diens onderkomen in Diemen. 'In z'n woonkamer stond een bank met een poef ervoor, voor z'n lange stelten, vanwaar hij uitzicht had op een immense tv, met rechts een al even imposante stereo-installatie. Meer stond er niet. Ik vroeg hem of hij wel wat gegeten had. Toen nam-ie me mee naar de keuken waar een enorme pan op het fornuis stond, met rijst, bonen en gehakt erin. "Wanneer heb je dat gemaakt?" vroeg ik hem. "*Two days ago*, coach," zei hij. Hij at het al drie dagen. "*And tomorrow too*, coach." Dat kon ik niet langer aanzien. Ik heb hem twee keer per week bij ons aan tafel gezet waar hij verse groenten kreeg. Later ging hij eten bij een Nigeriaanse familie in Amsterdam, waar-ie ook hutspot en boerenkool kreeg. Je zag 'm sterker worden. We hebben drie seizoenen een hoop plezier aan hem beleefd. Toen Nwankwo in 1996 naar Internazionale ging, kwamen er nog hartproblemen aan het licht. Dat werd Ajax nog verweten, maar bij ons is daar nooit iets van gebleken.'

De belangrijkste aankoop in 1993 is natuurlijk Frank Rijkaard, die voor een vriendenprijs overkomt van AC Milan en neerstrijkt op het oude nest in de Watergraafsmeer. Maar niet om uit te bollen of te buiken: de Amsterdammer wil nog één keer vlammen als motor én mentor van de jonge, talentvolle ploeg die Ajax intussen is. De wijze lessen van de veteraan werken als doping op het jeugdige grut dat net als de maestro zelf prijzen wil winnen. 'Hij was zo belangrijk in het proces. Voor Italiaanse begrippen liep hij al op z'n einde, maar voor deze groep was hij goud waard, ze hingen aan z'n lippen. In z'n eerste seizoen had hij het niet makkelijk. Tegen Parma moesten we hem zelfs naar de kant halen, daar had hij het erg moeilijk mee – zoals hij het sowieso lastig had met Louis, daar was hij eerlijk in. Later heeft hij me een keer bekend dat-ie het nooit twee jaar zou hebben volgehouden met Louis als ik er niet had gezeten. Dat vond ik een mooi compliment. Hij vond vooral al die gekkigheid mooi die ik uithaalde op de training. Dan zaten ze me na tot op het bijveld, omdat ik op de foto ging staan bij het winnende team terwijl ik verloren had. Kreeg ik Bogarde, Rijkaard, Van Vossen en Van den Brom achter me aan. Bogarde tackelde me, vielen ze met z'n vieren bovenop me. Kwamen ze niet meer bij van het lachen. Ik deed ook altijd een spelletje tijdens de warming-up, paard en ruiter vrij, bijvoorbeeld. Kon je niet getikt worden als je bij iemand op z'n rug zat. Deden spelers net of je bij hen op de rug kon springen, waarna ze op het laatste moment een stap opzij deden. Lag er weer een met z'n neus in de modder. En Rijkaard maar gieren.'

Hoofdstuk 21

Ellende en verdriet

Het seizoen 1993/1994 brengt Ajax eindelijk het felbegeerde landskampioenschap, maar wordt overschaduwd door trieste gebeurtenissen in het gezinsleven van zowel Louis van Gaal als Gerard van der Lem. 'Mijn moeder van 73 overleed in 1992. Daar heeft m'n vader een enorme knauw van gekregen. Toevallig logeerde onze oudste dochter Fanny bij opa en oma toen het gebeurde. M'n moeder kreeg een hartaanval, vroeg nog aan Fanny of die een paar pilletjes kon pakken en toen kwam er nog een aanval overheen. M'n dochter heeft een buurvrouw gewaarschuwd, die heeft 06-11 gebeld, maar de ambulance kon niks meer voor haar doen. En al die tijd zat mijn vader verslagen op een stoel, hij was zo perplex dat hij niks kon uitrichten. Ze legden mijn moeder op bed, ik keerde snel terug van Ajax en zag een lege ambulance wegrijden. Binnen trof ik m'n pa aan die alleen maar aan m'n moeder zat te trekken en te schudden. "Kom nou Tootje, wat is er nou aan de hand met je, Tootje? Alles is goed, Tootje, word maar wakker." Dat ging maar door. Dat kon ik niet langer aanzien, dus heb ik m'n moeder naar een uitvaartcentrum laten brengen.'

Vader Van der Lem (78) kan in de periode erna maar moeilijk dealen met de situatie, het alleen-zijn valt hem zwaar. 'Die ouwe wilde niet meer. Voordat ik naar Ajax ging, reed ik twee, drie keer in de week bij hem langs. Zette ik 'm onder de douche, op een stoel. Daarna zette ik een kopje koffie voor hem, krantje erbij en één keer per week nam ik een fles jenever mee. Als er visdag was bij Ajax, pakte ik een vissie voor hem in.'

Van der Lem wordt in die laatste maanden een stuk wijzer over zijn vader. 'Hij begon opeens allerlei verhalen te vertellen over de oorlog. Dat hij door de Duitsers bij een razzia was opgepakt in 1944, terwijl hij net vader was geworden en dat hij met de trein naar Polen werd gestuurd voor de Arbeitseinsatz. Dat hij uit de trein is gevlucht en terug is gaan lopen naar Nederland, en bij Venlo de grens is overgestoken met een vervalste pas. Ik kende die verhalen helemaal niet. "Die vuile pleurismoffen," zei hij dan. Dat kwam uit z'n tenen. Hij was op 7 mei 1945 ook op de Dam toen de Duitsers begonnen te schieten. Hij rende met m'n moeder een portiek in en ging bovenop haar liggen. "Toen deed je dat nog, pa," zei ik dan, en dan moest-ie lachen.'

Het wordt Van der Lem al snel duidelijk dat het afscheidsverhalen zijn, zijn pa wil niet meer verder. Meermalen vraagt hij z'n zoon om hulp. 'Maar ja, wat moest ik dan? Een kussen op z'n gezicht duwen? "Je bent m'n vader, ik hou van je," zei ik dan. Dan ging ik maar weer naar Ajax; als ik het aan Louis vertelde, dan brak ik. Uiteindelijk was de huisarts zover dat er euthanasie gepleegd zou worden. Ik vond het vreselijk, maar ik respecteerde zijn keuze. Op een donderdagavond hebben Margot en de kinderen afscheid van hem genomen. Ik bleef bij hem slapen. Ik had van Ajax' clubarts Piet Bon een slaappil meegekregen, dus die heb ik hem gegeven. Plus nog wat borrels en een goede sigaar. Hij vond het prima: "Morgen ga ik toch dood." Hij wees me nog aan in welke doos de polissen, het bankpasje en de autopapieren zaten. Toen hij in bed lag, vroeg hij of ik bij hem kwam liggen. Dat heb ik gedaan. "Ik wou dat ik een betere vader voor jullie had kunnen zijn," zei hij. "Pa," antwoordde ik, "je was de beste vader die ik wensen kon. Die zich altijd de pleuris heeft gewerkt voor ons." Uiteindelijk viel hij in slaap. Om acht uur kwam m'n broertje aan de deur, om negen uur zou de dokter komen. Naast z'n bed stond zo'n beademingsapparaat, waarin steeds belletjes omhoog borrelden. Ik deed de deur open om m'n broer binnen te laten, ging terug naar zijn kamer en begreep in eerste instantie niet wat er was veranderd. Opeens wist ik het. Ik hoorde die belletjes niet meer. Was hij er stiekem tussenuit gepiept. Hoe is het mogelijk, hè? Ik heb de dokter gebeld dat hij nog wel moest komen, maar enkel om de dood vast te stellen, niet om euthanasie te plegen. Wat was die man opgelucht. En wij trouwens ook.'

Ook in het gezin van Louis van Gaal slaat het noodlot toe.

In november 1993 krijgt zijn 39-jarige vrouw Fernanda te horen dat ze aan alvleesklierkanker lijdt. Spoedig blijkt dat er geen genezing mogelijk is. 'Hij kon nog wel functioneren als coach, maar zodra hij het veld achter zich liet, werd hij weer ingehaald door de realiteit. We zaten allebei in een enorm moeilijke fase, hij met Fernanda, ik met m'n ouders. Af en toe deden we de deur van de trainerskamer dicht en gingen we een potje zitten janken. Hij was er voor mij, en Margot en ik voor hem.'

Op Tweede Kerstdag 1993 wordt de ernst van de situatie pas echt duidelijk wanneer Louis, Fernanda en hun kinderen langsgaan bij het gezin Van der Lem. 'Hij vroeg me een paar weken daarvoor of we weer gingen skiën met de kerst. Maar dat jaar bleven we in eigen land. Hij zei dat hij door niemand werd uitgenodigd vanwege de ziekte van Fernanda. Mensen konden daar maar heel moeilijk mee omgaan, wisten niet wat ze moesten zeggen of hoe ze zich moesten gedragen. Daar had ik geen last van. "Kom lekker bij ons Louis, Margot haalt er een paar biefstukken bij, jullie zijn van harte welkom." Toen belde hij 's ochtends op, Fernanda voelde zich goed, ze kwamen langs. We hadden een lekkere luie stoel bij de open haard gezet, een kleedje erop, wat extra houtblokken op het vuur gegooid, we wilden er een gezellige dag van maken. Louis kwam binnen, deed z'n jas uit en nam meteen het woord: "Ik wil even wat zeggen." Toen was hij even stil. "Fernanda gaat dood, ze is niet meer te redden." Waar ze dus zelf bij zat. Hij zei het zo plompverloren, zo onverwacht en de boodschap was zo definitief, dat het net was of ik een klap voor m'n harses kreeg. Natuurlijk wisten we dat ze kanker had, maar we wisten niet in welk stadium de ziekte verkeerde en of er misschien nog genezing mogelijk was. Nu bleek dat ze was opgegeven. Dat kwam keihard aan. Hoe moeilijk ook, we hebben er toch nog een gezellige dag van gemaakt. Lang zijn ze niet gebleven, want Fernanda was erg moe. Margot is nog een paar keer bij haar langs geweest in het ziekenhuis. Fernanda vroeg haar dat als Louis naar het buitenland zou gaan, ik dan met hem mee zou gaan. Louis had me nodig, vond ze. Dat idee had ik zelf helemaal niet. Louis kwam altijd als een sterke persoonlijkheid over, maar zij schatte dat blijkbaar toch anders in. Half januari overleed ze, het is allemaal heel snel gegaan.'

In de periode erna herinneren mensonterende spreekkoren Van Gaal aan het verlies van zijn vrouw. Van der Lem gruwt er nog steeds van. 'Weerzinwekkend was het, dat zijn geen mensen meer, maar dieren. Die buiten de zwakte uit van een ander, want een zwak dier biedt geen weerstand. Ik herinner me een wedstrijd tegen Sparta, nog geen maand na het overlijden van Fernanda. We stapten bij Spangen uit de bus en werden opgewacht door een paar gasten die allemaal schandalige teksten naar het hoofd van Van Gaal slingerden, zinnen die ik liever niet herhaal. Ik denk ook niet dat het Sparta-fans waren, maar confronterend was het allemaal wel. Het werd nog net op tijd gesust, onze hele selectie stond klaar om de beuk erin te gooien. Ze hadden allemaal zo met Van Gaal te doen.'

Hoofdstuk 22

Die brave Bogarde

In de zomer van 1994 sluit er een eigenzinnig karakter aan bij de Ajax-selectie. Winston Bogarde is de naam. Moeilijk in de omgang, met een postuur dat ontzag inboezemt. Velen binnen Ajax moeten op eieren lopen om Bogarde enigszins te kunnen handelen. Van der Lem niet. 'Ik kom hem nog weleens tegen bij Ajax, geef ik 'm een tik in z'n gezicht. "Hier, die heb je nog tegoed van me." Dan zie je iedereen kijken, zo van: als dat maar goed gaat. Dan grijpt hij me om m'n middel en krijg ik een zoen van hem.'

Van der Lem kan lezen en schrijven met 'de neger die voor niemand buigt', zoals de titel van zijn biografie luidt. 'Ik was een keer op Spangen om een wedstrijd van onze komende tegenstander Sparta te analyseren en toen zag ik hem lopen op de linkerflank. We zaten zelf een beetje krap op links omdat Frank de Boer liever in het centrum van de defensie wilde spelen. Bogarde stond op papier linksbuiten, maar hij liep soms achter z'n back aan tot zijn eigen achterlijn aan toe. Hij straalde kracht uit, had een enorme drive en was best snel met die grote passen van hem. Dus ik tipte Louis dat we een nieuwe linksback hadden. Louis kende hem wel, hij wist dat Winston van origine linkshalf was. Dus die haalden we snel binnen.'

Naast energieke linksback is Bogarde ook het type dat de confrontatie niet uit de weg gaat. 'Toen ik naar hem informeerde, werd het meteen al gezegd. Een lastpak was het, een zorgenkind. Niemand had het over zijn voetballende vermogens. Maar wat maakte mij het nou uit dat-ie lastig was? Ik was zelf een rebel geweest, daar moesten wij maar mee zien te dealen. Het was niet altijd makkelijk met Winston, maar het was te doen.'

Van der Lem herinnert zich een wedstrijd tegen Sparta, de oude club van Bogarde, waarbij de verdediger na afloop wordt uitgedaagd door fans van de thuisclub. 'Toen het sarren begon, zette Bogarde rustig z'n tas neer en trok z'n jasje uit. Het was nog dertig meter naar de bus, ik liep naast hem, ook dat nog. Ik trok voor de zekerheid ook maar m'n jasje uit, vond het zonde als het vuil werd. Ze kwamen met z'n zessen op hem af, maar hij ging op een manier voor ze staan dat ze gelijk afdropen. Niemand wilde bij de twee, drie horen die zeker klappen zouden krijgen van hem. Wat was ik blij toen ik hoog en droog weer in die bus zat. Voorzitter Michael van Praag zei later nog dat een Ajacied nooit z'n jasje uit mag doen. Maar je hoeft natuurlijk niet alles over je kant te laten gaan.'

Als Winston Bogarde in maart 1997 aan de vooravond van de Champions League-kwartfinale tegen Atlético Madrid hoort dat hij op voorspraak van de medische staf niet bij de selectie zit, komt hij ziedend het trainerskamertje van Van Gaal en Van der Lem in gestoven. 'Het eerste wat ik dacht was: hij geeft Louis een klap. De stoom kwam uit z'n oren, zo boos was hij. Louis stond op en ging heel rustig voor hem staan. "Winston," zei ik. "Denk hier heel goed over na. Want als je nu doet wat je plan bent, is het over en uit met je carrière." Hij heeft alles wat hij in zich had moeten mobiliseren om die klap niet te geven. Hij deed het niet en dat is zijn geluk geweest. En van ons, omdat we hem later nog naar Barcelona hebben gehaald.'

Ook daar moet Van der Lem weleens ingrijpen om Bogarde te behoeden voor een escalatie van de situatie. 'Vlak voordat we op reis zouden gaan naar Vigo voor een wedstrijd tegen Celta, kwam een van de artsen ons vertellen dat het risico op een blessure bij Bogarde te groot zou zijn. Die wilde de verantwoordelijkheid daar niet voor nemen. Maar hij durfde het niet in z'n eentje tegen Bogarde te zeggen. "Gerardo, wil je me daarmee helpen?" Ik: "Natuurlijk, dokter." Bogarde kwam net onder de douche vandaan, handdoekje en zwarte ketting om, met die kin van hem dreigend naar voren. Een soort Badr Hari-figuur, heel imposant. Die dokter verschool zich half achter mij toen hij het slechte nieuws bracht. *"QUE¿"* schreeuwde Winston. Die dokter werd kleiner en kleiner. "Ik durf het nog niet aan," zei de dokter bijna mompelend. *"QUE?"* brulde Bogarde nog een keer, en hij deed een dreigende stap naar voren waarna die dokter bijna in mij verdween. "Winston, doe even normaal, man. Wat wil je nou doen? Die dokter in de heupzwaai nemen? Die man doet gewoon z'n werk." Uit pure frustratie ging hij met allerlei spullen gooien. "Ja, gooi maar, Winston. Prima. Maar weet je wat het slechtste nieuws is? Dat ik niet mee kan naar Celta de Vigo omdat ik met jou moet trainen dit weekend. En weet je waarom? Omdat niemand anders bij Barcelona dat durft." Toen keek hij me aan en barstte in lachen uit. "Nou, dan maken we er toch wat van, trainer." In dat weekend hebben we niet alleen getraind, maar ook heel veel gepraat met z'n tweeën. Over onze gezinssituaties, over onze achtergronden, over zijn moeder; toen heb ik de mens Bogarde goed leren kennen. En iedereen maar denken dat hij onhandelbaar is. En nu, als Winston me ziet, ook al moet-ie zich een weg door zeshonderd man banen, komt hij naar me toe. Dat wat wij hebben, pakt niemand ons meer af.'

Hoofdstuk 23

Parel uit Rio

Ajax wil in de zomer van 1994 een groot talent toevoegen aan de selectie. Daarvoor reizen chef-scout Ton Pronk en Gerard van der Lem naar de binnenlanden van Brazilië, waar ze in de bloedhitte van Manaus de spits van Cruzeiro gaan bekijken, een jongeling genaamd Ronaldo Luis Nazário de Lima, zeventien lentes jong. 'Die arme jongen werd me toch van hot naar her geschopt door die indianen. Maar die paar momenten dat hij niet door de lucht vloog, spatte de klasse ervanaf. De aanname, de versnelling, doelgericht, katachtig – en dat als eenzame spits tussen vier, vijf man in. Ton was niet overtuigd, maar toen Louis belde kon ik m'n enthousiasme amper onderdrukken. "Deze moet je halen, Louis, dit wordt een topper." Louis belde meteen met algemeen directeur Arie van Eijden en penningmeester Arie van Os, dat ze de dag erop naar Rio zouden vliegen om hem vast te leggen.'

In een minuscuul vliegtuigje vliegen Pronk en Van der Lem over het oerwoud naar Rio, waar ze Ronaldo zelf even kunnen spreken. 'Kwam er een schuchter jongetje binnen met een beugeltje. Ik had een Ajax-shirt meegenomen met zijn naam achterop. Hij had wel oren naar Nederland, wist al dat het er 's winters flink koud kon worden. Zijn moeder zou ook meegaan ter ondersteuning. Ik kreeg een goede indruk van hem, hij wilde graag. Maar ja, toen moesten de zaakwaarnemers en de eigenaren nog overtuigd worden, zes stuks in totaal.'

De dag erop proberen Van Eijden en Van Os de zaak te beklinken, wat niet meevalt. Ajax biedt 6 miljoen dollar, maar het belangrijkste duo dat overtuigd moet worden, bestaande uit zaakwaarnemer Martins en de voorzitter van Cruzeiro, tevens politicus, die Ronaldo nodig heeft voor z'n herverkiezing, is niet onder de indruk. 'Martins vroeg een miljoen dollar cash voor zijn bemoeienis, een bedrag dat buiten de boeken moest blijven. Van Os en Van Eijden herinnerden zich de FIOD-affaire van een paar jaar geleden en wilden daar eigenlijk hun vingers niet aan branden. Uiteindelijk hadden ze een paar zakenmensen die gelieerd waren aan Ajax bereid gevonden om dat bedrag op tafel te leggen, maar daar zou een week overheen gaan. PSV had intussen ook lucht gekregen van de transfer: die konden met behulp van de plaatselijke Philips-vestiging veel sneller schakelen. Daar kon Martins metéén een miljoen krijgen. Dus ging Ronaldo naar PSV. Ik vond het heel jammer, had echt m'n zinnen gezet op die jongen, maar er was niks aan te doen. En we bleken een goed alternatief in huis te hebben, maar dat merkten we later pas.

Toch zei Van Gaal met de nodige Amsterdamse bluf voorafgaand aan de competitie: "PSV heeft Ronaldo, maar wij hebben Kluivert." Het pakte goed uit. Kluivert scoorde aan de lopende band.'

Hoofdstuk 24

De geboorte van een kampioenselftal

De exacte datum weet Van der Lem niet meer, maar het moet in het voorjaar van 1995 zijn geweest dat alles klopt in De Meer en verre omstreken. Maakt Ajax het jaar ervoor in Europa nog weinig indruk – het elftal wordt in de kwartfinale van de Europa Cup II vrij roemloos uitgeschakeld door Parma – een jaar later is alles anders. Ajax is na negen seizoenen terug in het belangrijkste Europese toernooi, inmiddels omgedoopt in Champions League, en er is geen club die de Amsterdammers weet te stoppen. Van der Lem reist zich een slag in de rondte om de verschillende tegenstanders in kaart te brengen. Zo komt hij in februari ook weer terecht in Split, de Kroatische kustplaats die hij kent van een eerder bezoek, in 1993. 'Dat was nog een hele toestand, omdat het land toen nog in staat van oorlog verkeerde. Ik had er destijds niet zo'n trek in om te gaan, maar toen Arie van Eijden me toezegde dat ik voor een miljoen verzekerd zou worden en dat de club er ook nog een miljoen bovenop zou doen, en dat ze goed voor m'n gezinnetje zouden zorgen als ik er niet meer zou zijn, ben ik toch maar afgereisd. Er hing een heel sinistere sfeer, overal in de muren zaten kogelgaten. Er liepen militairen rond die rechtstreeks van het front kwamen, je zag aan hun gezichten wat ze hadden meegemaakt. Sommigen misten wat ledematen. 's Avonds ging het luchtalarm af en gingen alle lichten uit. Ik was heel blij dat ik weer naar Amsterdam kon.'

Maar in de lente van 1995 ziet het leven er in Split alweer een stuk florissanter uit. In het Poljudstadion houdt Ajax de thuisclub makkelijk in bedwang (0-0), waarna het in Amsterdam de klus gedecideerd klaart met een afgetekende 3-0-zege. In de halve finale wacht een tegenstander van wat zwaarder kaliber: het Bayern München van trainer Giovanni Trapattoni die met veel bombarie en de traditionele Italiaanse lippendiarree de Zuid-Duitse grootmacht naar zijn hand probeert te zetten. Zijn confrater bij Ajax is uit een ander hout gesneden. 'Louis was een geweldige trainer, in alles. Niet in algemeenheden, maar vooral in details, daar besteedde hij veel tijd aan. Maar dan nog, als het niet wordt gevolgd door prestaties, ben je kansloos. Dan zakt het allemaal weg en hebben ze het nooit meer over je. Maar bij ons zag je het vooruitgaan, we gingen presteren, de spelers voelden het. We legden de lat steeds een stukkie hoger en het niveau ging mee. Ik denk dat het in de voorbereiding was op de tweestrijd tegen Bayern München dat ik tegen Van Gaal zei: "Louis, dit heb ik nog nooit gezien. Ik geloof niet dat er nu een club is in de wereld, die op hetzelfde hoge niveau traint als wij." Hij vond dat precies zo, op exact hetzelfde moment. Je werd er gewoon misselijk van, zo perfect was het. Vanaf dat moment kregen we echt het gevoel dat we die Champions League konden winnen.'

Maar eerst moet er dus afgerekend worden met de oude vijand die ooit het afscheidsduel van Johan Cruijff verziekte. In het Olympiastadion van München, waar ook nog een onverwerkt traumaatje ligt uit 1974, geeft Ajax de thuisploeg geen kans zonder dat het zelf gevaar sticht. Na de vrij saaie 0-0 dient het in het eigen Olympisch Stadion op 19 april 1995 afgemaakt te worden. En dat gebeurt ook, het duel klopt van begin tot eind. Een kolkend stadion, in de rust mede opgewarmd door André Rieu en zijn *The Second Waltz*, begeleidt een majestueus Ajax dat het hulpeloze Bayern met 5-2 terug naar Beieren stuurt. 'We kwamen heel even in de problemen toen die Duitsers 1-1 maakten, maar nog voor rust stonden we met 3-1 voor. Het ene doelpunt was nog mooier dan de andere. Bayern had helemaal niks in te brengen, en dat voelde heel goed. Ik denk dat dit de mooiste wedstrijd van het seizoen was, hoewel de 2-0 in Triëst tegen AC Milan ook een gedenkwaardig duel was, maar dat kwam vooral door de staande ovatie van de Italiaanse supporters voor Rijkaard.'

De regerend Champions League-kampioen is ook de tegenstander op een historische avond in Wenen, op 24 mei 1995 in het Ernst Happel Stadion. Voor het eerst in 22 jaar staat Ajax weer in de belangrijkste finale van het Europese clubvoetbal. 'We hadden ze natuurlijk al twee keer verslagen, we hadden het gevoel dat we de hele wereld aankonden. Dat zag je ook terug bij de spelers. Ze geloofden erin. Ze wilden de wereld veroveren, prijzen winnen. Straks zouden ze misschien weggaan bij Ajax, nog veel meer geld gaan verdienen, maar nu telde iets heel anders. De wereld iets laten zien, die Champions League veroveren. Want daarmee kwam je in de geschiedenisboeken: niet met je salaris, maar met de prijzen die je wint. Daar waren ze zich heel erg van bewust. Ze wilden erbij zijn, ze wilden het meemaken.'

Hoewel de ploegen na de eerdere confrontaties weinig geheimen meer voor elkaar kennen en Van der Lem in de aanloop naar de finale de opponent nog twee keer van dichtbij heeft aanschouwd, wil Van Gaal elk toeval uitsluiten. Een week voor de eindstrijd reist hij af naar Italië om AC Milan nog één keer met eigen ogen aan het werk te zien. Met als gevolg dat Van der Lem eindverantwoordelijk is in het competitieduel met Feyenoord, de aartsrivaal die in de eredivisie op grote achterstand is gezet door de ongenaakbare Amsterdammers, maar niettemin bloed ruikt. 'Die dachten dat er wat te halen zou zijn tegen een ploeg die vlak voor de finale staat van de Champions League. Maar ja, we waren dat seizoen ongeslagen en dat wilden we graag zo houden. Dat heb ik ook in de voorbespreking aangegeven. Dat Feyenoord hoopte dat we gas zouden terugnemen zonder de dwingende ogen van Louis, maar dat ons dat nou net niet zou overkomen. Zo praatte ik mezelf maar wat moed in, want ik was er ook niet helemaal gerust op. In de rust belde Louis. "Hoeveel staat het?" "1-0 Louis," antwoordde ik. "Ach, wat jammer nou," zei Louis. "Voor ons, Louis, 1-0 voor ons." Ik hoefde amper wat te zeggen in de rust, uiteindelijk werd het 5-0. Die Davids speelde toen zo weergaloos. Ik had gewoon medelijden met Feyenoord. M'n familie juichte bij elke goal, die moesten nog vluchten van de tribune. Louis geloofde ook z'n oren niet toen ik hem de eindstand vertelde. Ik wilde bijna nog beginnen over die keer dat de A1 en de B1 van Ajax tegelijk moesten spelen en hij de B1 van me overnam. Het hele seizoen waren die ongeslagen, en uitgerekend onder Louis verloren ze met 1-0. Dat heeft Louis nog wel een tijdje moeten horen.'

Hoofdstuk 25

Triomf in Wenen

Het is woensdag 24 mei 1995, het loopt tegen half elf en de complete Ajax-selectie fladdert als een kip zonder kop door het Ernst Happel Stadion. Het laatste fluitsignaal van scheidsrechter Craciunescu heeft een gekkenhuis in gang gezet dat z'n weerga niet kent. Ajax-spelers vliegen her en der over het veld, vallen elkaar beurtelings in de armen en weten amper raad met de situatie. Af en toe loeren ze naar het scorebord om de bevestiging te krijgen dat het toch echt gelukt is. Ajax 1 AC Milan 0 staat er te lezen, met daaronder in een kleiner lettertje: 84. Kluivert. Zes minuten voor tijd puntert het Amsterdamse antwoord op Ronaldo met z'n grote teen de bal achter Milan-goalie Rossi, waarna hij in de sprint om z'n uitzinnige teamgenoten te ontlopen z'n shirt omkeert, zodat iedereen z'n naam goed kan lezen.

Aan de zijlijn gaat het er iets rustiger aan toe. Na de groepshug zoekt Van der Lem met een feestsigaar even de luwte op van de dug-out. Hij wil in alle rust nagenieten. De weinig verheffende finale is hij alweer bijna vergeten, net als de veel hoogstaander karatetrap van Van Gaal. Het enige dat telt is de winst. De beloning voor het project dat Van Gaal en hij jaren eerder zijn gestart. 'Dit was de kroon op ons werk. We wisten dat de laatste wedstrijd tegen Milan de moeilijkste zou zijn. Je moet dan toch dealen met de druk van een finale, daar waren zij verder in dan wij. Verder kenden de ploegen elkaar natuurlijk door en door. Als er dan geen snelle treffer valt, krijg je een soort schaakwedstrijd.'

Maar dat maakt de zege niet minder uniek, beseft Van der Lem ook dan al. 'Dat een Nederlandse club toen nog de Champions League kon winnen, dat kon eigenlijk al niet meer. De financiële verschillen waren al zo groot, daar konden wij niet aan tippen. Dat we dat toch gepresteerd hadden, ja, dat deed me wel wat. Dat hadden die twee boerenlullen uit Amsterdam toch maar mooi geflikt. Dat ging allemaal door m'n hoofd toen ik daar zo alleen in die dug-out zat. Een heel bevredigend gevoel. Dat we spelers zover hadden gekregen dat ze de Champions League konden winnen. Dat hele traject ernaartoe. Ik zag die dolle taferelen om me heen, die uitzinnige vreugde en het trok langs me heen als een film. Weet je wat ik ook dacht? Dat ons werk erop zat. Dat het nooit meer zou worden als in dit seizoen, met die hoge graad van perfectie. Misschien dat ik daarom ook niet zo emotioneel was, dat had ik wel die avond toen we de UEFA Cup wonnen in m'n eigen Olympisch Stadion. Maar trots was ik wel. Op die gasten die ik als A- of B-junior onder m'n hoede had gehad en die nu met die Europa Cup boven hun hoofd stonden, zoals Kluivert, Davids en Seedorf.'

De dolle taferelen krijgen een vervolg op donderdag, Hemelvaartsdag, wanneer heel Amsterdam uitloopt om de helden toe te juichen. Het gloednieuwe vliegtuig waarin de selectie zit, maakt zelfs een buiging ver boven het Museumplein, waar de menigte zich heeft verzameld om de kampioenen te huldigen en waar de volksmenner in Louis van Gaal opstaat, een kunstje dat hij later na de winst van de Wereldcup en nog later bij Barcelona en Bayern München verder perfectioneert. 'Haha, als ik hem tekeer hoorde gaan, dacht ik altijd wel: dat zou een onsje minder kunnen, Louis. Hij vond het heerlijk om het publiek te bespelen, ging daar helemaal in op. Dat we ook de beste waren van Rotterdam, dat ging er bij het Ajax-publiek natuurlijk wel in. Later herhaalde hij dat in Barcelona, verving hij Rotterdam door Madrid. Het publiek reageerde uitzinnig. Beter dan Madrid, daar scoor je in Catalonië natuurlijk punten mee. Ach, je kan het wat overdreven noemen, maar op momenten dat we niks wonnen, als het stil bleef in de stad, miste je het wel.'

Op 25 mei 1995 is daar geen sprake van, Amsterdam is veranderd in een gekkenhuis. Ook aan een rondvaart door de grachten, met een knipoog naar de zomer van '88, wordt gedacht. Van der Lem laat het feestgedruis lekker over zich heen komen. 'Bizar wat je allemaal teweeg kunt brengen in zo'n stad, hoe iedereen zich één voelt. Het Museumplein puilde helemaal uit, en ook in die grachten was het een hele toestand. We zaten met de technische staf op de tweede boot, op de eerste zaten de meeste spelers en de mensen die dat interessant vonden, zoals een paar prinsen van het koninklijk huis. Haha, de kroonprins hadden we in Wenen al te grazen genomen. Hij kwam na afloop in de kleedkamer; een paar van die beveiligers zeiden dat het niet de bedoeling was om met champagne te gaan spuiten. Ja, dat moet je dan net tegen een groep voetballers zeggen. Onze toekomstige koning droop van de champagne, maar hij vond het schitterend.'

Als Van der Lem over dat seizoen 1994/1995 praat, staan z'n ogen constant in de glimstand. 'Ja, het was natuurlijk hét hoogtepunt uit m'n trainerscarrière. Het was de vervolmaking van het proces dat Louis en ik jaren eerder hadden ingezet. Natuurlijk waren de opofferingen groot, het slokte heel veel tijd op. Er zaten veel dagen tussen dat ik m'n kinderen amper zag. Wanneer ik thuiskwam na een lange dag lagen ze vaak al in bed, dan ging ik nog even naar boven om ze welterusten te wensen. Eten deed ik uit de magnetron. Maar het is het allemaal waard geweest. M'n kinderen zagen ook dat je succes kon hebben als je er maar hard genoeg voor werkte. Ze zagen ook dat ik altijd fluitend naar m'n werk ging, dat ik plezier had in wat ik deed. Ze hebben er ook van geprofiteerd, veel van de wereld gezien. Ik zou het zo weer over doen, op precies dezelfde manier. Zeker als het weer tot zo'n groot succes zou leiden.'

Als je hem naar zijn favoriete Ajax-elftal vraagt, is hij snel klaar. Handgeklokt heeft Van der Lem maar een seconde of vijftien nodig om zijn ideale elf te componeren. Eén ademteug en twee trekjes aan z'n sigaar verder staan de volgende spelers in de basis: Van der Sar, Reiziger, Frank de Boer, Blind, Bogarde, Davids, Litmanen, Ronald de Boer, Finidi George, Kluivert, Overmars. Maar dan slaat toch de twijfel toe. 'Staat Rijkaard er nou wel in? Nee, hè? Dat kan natuurlijk niet. Eens even kijken. Dan zet ik Rijkaard in het hart van de defensie en schuift Frank de Boer door naar links. Ja, dan valt Bogarde uit het elftal. Dat zal-ie niet leuk vinden, maar van mij kan hij het wel hebben.'

De suggestie dat wellicht ook Seedorf, Jonk, Bergkamp of Pettersson een plaatsje verdienen, kapt hij resoluut af. 'Nee, ben je gek. Bergkamp was natuurlijk een echte stylist, in die zin misschien beter dan Litmanen, maar voor het team was Jari veel bruikbaarder. Die was zo slim, begreep precies wat er van hem verwacht werd, zowel bij balbezit als balverlies. En Pettersson mag dan door de oud-voorzitter Mr. Ajax zijn genoemd, Kluivert was natuurlijk een echte spits, eentje van de buitencategorie. Over dat puntertje tegen AC Milan hebben ze het over vijftig jaar nog.'

Hoofdstuk 26

Het ongeluk van Kluivert

Maar er is nog iets dat altijd aan Kluivert zal blijven kleven. Ruim drie maanden na de finale in Wenen veroorzaakt de spits in de straten van Amsterdam een verkeersongeval met dodelijke afloop. Als hij met te hoge snelheid door de Werengouw in Amsterdam-Noord rijdt, raakt hij vol de auto van Marten Putman die net vanuit het parkeervak de weg op is gedraaid. De theaterdirecteur is op slag dood, zijn vrouw Henny overleeft de crash ternauwernood.

In de nasleep gaan er veel dingen mis. Op de dag dat de begrafenis van het slachtoffer plaatsvindt, maakt Kluivert alweer minuten in Ajax 2. De verontschuldigingen van de aanvaller richting de nabestaanden zijn heel summier en vinden slechts schriftelijk plaats. Kluivert gaat jarenlang een persoonlijke ontmoeting uit de weg en stuurt in het begin enkel z'n moeder langs bij de familie Putman. Twee weken na het fatale ongeluk krijgt Kluivert alweer speeltijd van Louis van Gaal, wanneer hij als invaller het veld betreedt tegen NAC. Hij verlaat het stadion in Breda als matchwinnaar, maar na zijn goal voorkomt aanvoerder Danny Blind dat Kluivert wat al te opzichtig juicht. Het gebrek aan nazorg vanuit de club steekt de weduwe van Marten Putman tot op de dag van vandaag. Van der Lem: 'Patrick heeft daar enorm mee gezeten, hij draagt dat de rest van zijn leven met zich mee. Het lijkt me vreselijk om dat mee te moeten maken. Natuurlijk is het voor de familie het ergst, daar is geen discussie over mogelijk, maar voor Patrick zijn de gevolgen ook zwaar geweest. Hij reed te hard, maar heeft natuurlijk niet moedwillig dit ongeluk willen veroorzaken. Toch stond hij vanaf dat moment te boek als een probleemjongen, terwijl hij dat niet was. In stadions werd hij er continu mee geconfronteerd: 'moordenaar, moordenaar' riepen ze. Het bleef hem achtervolgen, iedereen bemoeide zich ermee, om die reden is hij uiteindelijk naar het buitenland gegaan. Om al het negativisme te ontvluchten. Later haalden Louis en ik hem nog naar Barcelona. Ik probeerde het onderwerp nog weleens aan te snijden met hem, maar dan sloeg hij meteen dicht. Hij kon er niet over praten. Zo erg zat hij ermee.'

Hoofdstuk 27

Via Madrid en Tokio naar Rome

We horen het Louis van Gaal nog zo zeggen, of beter schreeuwen, op 30 november 1995: met een 'We zijn de besten!!!' brengt de succesvolle trainer de menigte in extase. 'En niet alleen van Amsterdam, van Rotterdam, van Eindhoven en van Europa, maar van de hele wereld!' Ondanks het gure weer is het Museumplein wederom volgelopen voor weer een nieuwe Ajax-huldiging. De derde inmiddels, na het kampioensfeest en de viering van de Champions League-winst, maar de gemiddelde Ajax-fan kan er geen genoeg van krijgen. Weer schalt het *We Are The Champions* over het plein, nu om het veroveren van de wereldbeker voor clubteams luister bij te zetten. Twee dagen eerder heeft Ajax in Tokio het Braziliaanse Grêmio na strafschoppen verslagen. Een wedstrijd van erbarmelijk niveau, maar dat maakt nu niet meer uit. 23 jaar na de veldslagen tegen Independiente gaat de Wereldcup weer eens naar Amsterdam en dat wordt groots gevierd. 'Prachtig om te zien weer, terwijl we in die wedstrijd eigenlijk niet zo'n zin hadden. Midden in het seizoen naar Tokio, waar we een kleine week voor de wedstrijd al aankwamen om te acclimatiseren. Vijf dagen lang alleen maar trainen, dan terug naar het hotel, eten en slapen, en dan weer trainen; het was vrij eentonig allemaal. Het enige leuke was dat de vrouwen ook mee waren. Ook m'n schoonvader was van de partij. Die liepen lekker door de stad te paraderen. Van die wedstrijd staat me verder weinig bij, de hoogtepunten waren schaars. Het publiek bestond uit quasi-enthousiaste Japanners die juichten om niks, met hun etensbakjes op schoot. Toen Danny die laatste strafschop benutte, daalde wel het besef in dat we de beste van de wereld waren. Een fijn gevoel, maar niet meer dan dat. Ik heb het al eerder gezegd: de emoties die bij me vrijkwamen toen we in het Olympisch Stadion de UEFA Cup wonnen, zijn later nooit meer overtroffen. Niet in de Champions League en niet in Tokio. De terugreis was trouwens ook een crime. Na drieënhalf uur vliegen moesten we terug. We kregen van de Russische autoriteiten geen toestemming om over hun land te vliegen. Stonden we weer op Tokio-airport. Wel met iets minder bagage, want in de economy was alles al opgezopen. Wij vlogen first class, daar was nog wel een voorraadje. Ik heb zo veel mogelijk cognacjes doorgesmokkeld naar m'n schoonvader.'

Zes dagen voor de winst op Grêmio valt er een ander hoogtepunt te noteren in het oeuvre van het kampioenselftal. Op 22 november krijgt Ajax met hogeschoolvoetbal in eerste instantie het publiek stil, na afloop barst er een staande ovatie los in het Estadio Santiago de Bernabéu, de kathedraal van Real Madrid. Ook zonder de gestopte Rijkaard en de naar Sampdoria vertrokken Seedorf is Ajax nog steeds in staat om elke tegenstander zijn wil op te leggen. In eigen stadion wordt de club van Michael Laudrup, Fernando Redondo, Luis Enrique, Raúl en Ivan Zamorano van het kastje naar de muur gestuurd. Dat deze exercitie niet uitmondt in een zware nederlaag, dankt Real slechts aan één man: de Duitse scheidsrechter Hellmut Krug, die voor rust twee zuivere goals afkeurt. Na de pauze gaan de combinaties even vloeiend verder en drukken Litmanen en Kluivert het overwicht nu wel in geldige treffers uit. Waarna 72.000 toeschouwers de handen stukklappen voor de opponent. 'Het deed me een beetje terugdenken aan een jaar eerder, toen de supporters van AC Milan ons in Triëst zo uitgeleide deden. Maar dat had vooral te maken met Rijkaard. Dit was een open doekje voor het hele team. Er waren periodes tijdens die wedstrijd dat we minutenlang de bal hadden, er kwam geen Madrid-speler aan te pas. Ik denk niet dat we dat seizoen beter gespeeld hebben dan toen.'

Ajax heeft die jaargang niet alleen sportieve hobbels te overwinnen, ook op andere vlakken wordt de ploeg uitgedaagd. Zo wordt het uitduel tegen het Hongaarse Ferencváros overschaduwd door racistische uitingen van het thuispubliek, dat elke balberoering van een donkere speler vergezelt doet gaan van zogenoemde oerwoudgeluiden. 'Heel triest allemaal, dat soort sneue figuren. Ik vond het ook erg voor Laszlo Jambor, onze conditietrainer, een geboren Hongaar. Die schaamde zich kapot voor z'n landgenoten. Je kan eigenlijk maar op één manier reageren: door ze met goede prestaties een draai om de oren te geven. Ferencváros lieten we alle hoeken van het veld zien, we wonnen daar met 5-1. En thuis met 4-0. Zoals we een jaar later ook afrekenden met die gekke voorzitter van Atlético.'

Van der Lem doelt op Jesús Gil y Gil, de doorgedraaide eigenaar van Atlético Madrid die Ajax vergelijkt met de Kongo en zich openlijk afvraagt of 'al die snelle zwartjes uit een churros-apparaat komen'. 'Als je dat soort mensen de mond kan snoeren, dan smaken zeges nog zoeter dan ze al zijn.'

Over de rug van Borussia Dortmund plaatst Ajax zich voor de halve finale, waarin een oude bekende figureert: Panathinaikos, de tegenstander in Ajax' eerste gewonnen EC1-finale van 1971. In de allerlaatste Europese wedstrijd in het Olympisch Stadion – het seizoen daarop wordt de Amsterdam Arena (thans Johan Cruijff Arena) betrokken – komt er echter geen Ajacied in de boeken als maker van de laatste Europese goal ooit in de betonnen kolos, maar een Pool. Krzysztof Warzycha schiet Panathinaikos naar de zege. De finale van de Champions League lonkt voor de Griekse kampioen. 'Die 0-1 kwam hard aan, ook al omdat we negentien Europese duels op rij ongeslagen waren gebleven. Maar we voelden ons op geen enkel moment kansloos voor de finale. We waren in die wedstrijd ook de betere, maar misten de kansen. In Athene hebben we dat meer dan rechtgezet. Binnen vijf minuten stonden we al voor, in de slotfase deelden we de genadeklap uit. En weet je, dat klinkt arrogant, maar vooraf hielden we met geen ander scenario rekening. Je kan tegen dit soort middelmatige teams één keer pech hebben, maar over twee wedstrijden gemeten gaat het beste elftal bijna altijd door.'

En dus staan de Ajacieden voor de tweede keer op rij in de finale. De oppositie komt wederom uit Italië, na AC Milan mag dit keer Juventus het proberen. Zwart-wit gaat het beter af dan zwart-rood: na verlenging en strafschoppen buigt Ajax in het Stadio Olimpico van Rome het hoofd voor De Oude Dame. Wat vooral opvalt is de uitstekende fysieke gesteldheid van de Italianen. 'Die maakten de indruk of ze drie finales achter elkaar konden spelen. Er rolde een bal uit, stoof er zo'n gast met het schuim op de lippen op ons af om die bal te pakken. We hebben er toen verder geen aandacht aan besteed. Pas later, toen die berichten over stelselmatig dopinggebruik in het Italiaanse voetbal de kop op staken, dachten we met terugwerkende kracht terug aan die avond in Rome. Aan die Torricelli, met die grote, bloeddorstige ogen. Aan die gasten die maar bleven rennen. We konden niks bewijzen, maar er zat minimaal een luchtje aan die overwinning van Juventus. En dat was zeker geen smoes om ons eigen falen te verdoezelen, want dat we die avond niet goed speelden, dat was duidelijk. Maar wij zaten in elk geval niet onder de doping. Vele jaren later kwam ik onze penningmeester van toen nog tegen, Arie van Os. "Ik krijg nog een premie van je," zei ik tegen hem, en hij wist meteen waar ik op doelde. "Als dat ooit nog eens wordt aangetoond door de UEFA, en wij die beker toch toegewezen krijgen, regel ik dubbele premies." Zover is het helaas nooit gekomen.'

Het contrast met een seizoen eerder kan niet groter zijn wanneer het gezelschap vanuit Rome weer landt op Schiphol. 'In de aankomsthal stond er zelfs geen hond ons op te wachten. Een Champions League-finale verloren na strafschoppen van een misschien wel gedrogeerde tegenstander. We hoefden nou niet meteen met een boot door de grachten, maar iets meer waardering had wel gekund. We reden met de bus terug naar het stadion, naast ons reed een auto met twee gasten erin. Ging het raampje omlaag en werden er twee middelvingers opgestoken. Niet te geloven, toch? Ik vertelde het niet eens aan Louis, hij had dat vreselijk gevonden. Alsof we er niet alles aan gedaan hadden om die finale te winnen.'

Hoofdstuk 28

Paradijsvogels

Nog één seizoen houden Van Gaal en Van der Lem het uit in Amsterdam, maar wat de laatste al een tijd vreest, komt uit. Het wordt elk jaar een stukkie minder. Het Bosman-arrest slaat enorme gaten in de selectie, spelers zijn niet te houden. Na Seedorf in 1995 vertrekken een jaar later Davids (AC Milan), Reiziger (AC Milan), Finidi George (Real Betis) en Kanu (Internazionale). Ook Bogarde en Kluivert staan te popelen om hun vleugels uit te slaan. Machteloos ziet Van Gaal toe hoe zijn spelers bezwijken onder de verlokkingen van het grote geld. Journalisten die ernaar vragen worden afgeblaft ('Ben ik nou degene die zo slim is, of ben jij nou zo dom?') om de eigen onmacht te verhullen. Van der Lem: 'Ze waren gewoon niet te houden, daar hoeven we niet ingewikkeld over te doen. Voordat ze de Champions League wonnen waren ze jong en gretig, daarna was de honger gestild. En werd het tijd om de wijde wereld in te trekken, een heel normale ontwikkeling. De Italiaanse clubs zagen Ajax als een bedreiging: in drie jaar tijd stonden we twee keer in de finale en één keer in de halve finale. Daar zouden clubs tegenwoordig een moord voor doen, zeker uit Nederland. Dus gingen ze in Milaan en Turijn met de geldbuidel schudden. Spelers konden alles krijgen, een Ferrari, een huis aan het Comomeer, een miljoenensalaris, probeer daar maar eens niet gevoelig voor te zijn. Zo'n jongen als Davids was 22, voetbalde al vanaf z'n zesde bij Ajax, die wilde na zestien jaar weleens wat anders. Daar kon ik hem geen ongelijk in geven. Voor hem vingen we gelukkig nog wat, anderen tippelden hier vanwege het Bosman-arrest gratis de deur uit. Dat was wel even slikken, ja. De voetbalwereld was definitief veranderd.'

Om de leegloop het hoofd te bieden, moet Ajax de transfermarkt op. Het duikelt daar niet altijd even geschikt materiaal op. Márcio Santos maakt deel uit van het Braziliaanse elftal dat in 1994 wereldkampioen wordt, maar eenmaal in Amsterdam maakt hij enkel indruk door na een invalbeurt tegen PSV binnen twintig seconden een rode kaart te krijgen. 'Om Márcio Santos te bekijken, ging ik naar een interland van Brazilië tegen Engeland, op Wembley. Ik was meteen overtuigd, de man straalde wat uit, zowel in verdedigend als in opbouwend opzicht. Hij raakte niet in de war van balbezit. Ik had er alle vertrouwen in, maar bij Ajax werd het een ander verhaal. Bij onze speelstijl hebben verdedigers veel ruimte achter zich, en daar werd hij onzeker van. Ik heb dat verkeerd ingeschat, dat moet ik gewoon toegeven. Niet iedere speler is een versterking, en soms had je spelers wél moeten aantrekken. Louis stuurde me een keer naar PEC Zwolle, daar liep een rechtsback die misschien wel wat kon. Ik bekeek 'm een paar keer, maar vond 'm te statisch, had te weinig snelheid ook. Hij had meer weg van een kolentrein dan van een dynamische verdediger. Niet doen, adviseerde ik Louis. Zat ik dus helemaal naast, want later bij PSV en Manchester United is het nog aardig goed gekomen met Jaap Stam. Die kon dus wel op veertig meter van de eigen goal spelen.'

Behalve Márcio Santos trekt Ajax nog een andere exotische verrassing aan uit Zuid-Amerika. In de zomer van 1996 komt er een spits over van het Argentijnse Newell's Old Boys. Binnen korte tijd wordt Iván Gabrich als de grootste miskoop uit de historie van Ajax bestempeld. 'Ik weet nog dat Ton Pronk met hem kwam aanzetten. Hij sprak de gevleugelde woorden tegen Louis: "Ik heb nu een spits gevonden, die valt niet om." Louis vertelde me dat, ik stond te popelen om die Gabrich ook eens te gaan bekijken, maar Louis wilde niet dat ik het trainingskamp verliet. "We moeten vertrouwen op Ton." Dus Gabrich werd aangekocht. Op zondag zat hij op de tribune, op maandag konden Frans Hoek en ik met hem aan de slag. Er kwam een voorzetje of tweehonderd zijn kant op, van links en van rechts, hij kreeg geen fatsoenlijke bal tussen de palen. Niet één! Ik keek Frans aan. Zagen we dit goed? Hadden we wel de juiste speler? Was dit niet een look-a-like? Of zijn gemankeerde broer? Wij naar Louis. "En?" vroeg Louis. "Kan hij wat?" "Sorry, Louis," zei ik, "ik kan me sterk vergissen, maar volgens mij kan-ie er he-le-maal niks van." "Nou, lekker dan," zei Louis. "Daar hebben we dan vijf miljoen voor betaald." We hebben 'm voor de vorm nog een paar keer opgesteld, maar het leidde tot niks. Ja, tot frustratie bij iedereen, hijzelf incluis. Het was een geweldige gozer, maar daar heb je binnen de lijnen niet zoveel aan.'

Van een andere aankoop ondervindt Ajax meer plezier, al is de druk op het Portugese wonderkind Dani da Cruz Carvalho aanzienlijk wanneer Johan Cruijff hem al snel betitelt als hét grote talent van Ajax. Maar meer nog dan zijn skills trekt vooral zijn knappe uiterlijk de aandacht. 'Alles klopte aan die jongen. En hij was nog intelligent ook, sprak vier talen. Maar ja, die vrouwen, hè? Elke dag zaten ze achter hem aan, elke dag! Op dat punt kwam hij handen en voeten tekort. Hij vertelde me weleens dat hij zichzelf daarom haatte. Overal waar hij zich vertoonde, leidde dat tot gillende meisjes en vrouwen. Zelfs hun moeders achtervolgden hem. "Ik denk dat menige jongen jaloers op je is," zei ik tegen hem. Dani zelf vond het vooral vermoeiend. En hij kon zo goed voetballen. Weet je nog die goal tegen Atlético Madrid in de kwartfinale van de Champions League? Die curve vanaf een meter of twintig die onderkant lat naar binnen sloeg? Hij had het allemaal in zich, maar het kwam er veel te weinig uit.'

Een van de laatste miskopen voor de wegen van Ajax en Van der Lem zich scheiden, komt uit Midden-Amerika. Tijdens een toernooi van Ajax 2 in Dallas ziet de trainer een Costa Ricaanse spits zijn hele verdediging bezighouden. 'Niet te stoppen was die gozer. Ik wilde die jongen zó meenemen naar Nederland, maar besloot eerst even te overleggen met Ton en Louis. Uiteindelijk kwam Froylán Ledezma met zijn zaakwaarnemer naar Schiphol. Alleen wist ik niet dat ook Feyenoord zijn zinnen op hem had gezet. Toen kreeg je die hele rare situatie dat op Schiphol zowel een delegatie van Ajax als van Feyenoord hem stond op te wachten. Wij hadden één groot voordeel: die van Feyenoord wachtte keurig in de aankomsthal, wij stonden bij de gate. Dus de eerste slag wonnen wij. Feyenoord boos, maar uiteindelijk waren zij de grote winnaar, want met die jongen viel geen land te bezeilen. Die sloeg totaal op hol. In plaats van de focus op voetbal te leggen, verlegde hij die naar het centrum van Amsterdam. Hij werd continu gespot in het uitgaansleven, hij joeg al z'n geld erdoorheen. Weet je dat hij ook nog een keer opdook later bij Barcelona toen Louis en ik daar zaten? Toen hebben we hem nog een tweede kans gegeven. Hij was transfervrij, je weet 't nooit, maar ook dat mislukte totaal. Hij was niet meer vooruit te branden.'

Hoofdstuk 29

Afscheid van Ajax

Het laatste seizoen van Van Gaal en Van der Lem bij Ajax wordt geen afscheid in stijl. In de nationale bekerstrijd struikelt de formatie in een vroeg stadium over eerstedivisionist Heracles – en de vierde plek in de eindrangschikking van de eredivisie betekent de slechtste prestatie in 32 jaar. Alleen in de Champions League blijft de club met hangen en wurgen overeind. Een nipte overwinning op Grasshopper Club Zürich voorkomt een vroegtijdig afscheid in de poulefase, en ook in de kwartfinale tegen Atlético Madrid komt de ploeg met de schrik vrij. Een ronde verder is er tegen het Juventus van Zinedine Zidane, Christian Vieri en Didier Deschamps geen houden meer aan. Met name in Turijn wordt het elftal compleet afgeschminkt: 4-1. Het besef komt dat Ajax hooguit nog Europese subtop is. De club gaat de strijd met het grote geld definitief verliezen. 'We voelden aan alles dat het een aflopende zaak werd. We raakten de grip kwijt op de spelers, Ajax was voor hen niet meer zaligmakend. De een na de ander liep de tent uit, soms voor nop. Het ging allemaal te snel. We hadden succes gehad, er stond een nieuw stadion, het was een mooi moment om te gaan. Vergeet niet dat ik er al in 1962 was begonnen, hè? Haha. 35 jaar later zat ik er nog. Ik had het nog wel langer vol kunnen houden: als Louis had bijgetekend, was ik ook gebleven. "Blijf bij me, ik maak je miljonair," had Louis me al eens toevertrouwd. Maar geld is nooit mijn drijfveer geweest.'

Dat Van Gaal z'n grenzen wil verkennen, vindt het Ajax-bestuur niet meer dan logisch na al die jaren – dat Van der Lem in z'n kielzog ook vertrekt, zit met name penningmeester Van Os dwars. 'Die had liever niet dat ik de club zou verlaten, maar ja, dan hadden ze mij maar hoofdtrainer moeten maken, maar dat durfden ze niet. Van Os zei wel dat ze met die gedachte hadden gespeeld, maar dat ze het te riskant vonden. Voor iemand die jarenlang assistent is geweest, is het lastig om eerste man te worden, waren ze van mening. Leuk dat er zo voor je wordt gedacht. Maar ik stelde het op prijs dat ze me met lede ogen zagen vertrekken.'

Dat geldt ook voor het Ajax-publiek. Hoewel de prestaties te wensen overlaten, wordt de technische staf op 1 juni 1997 na een 4-0-zege op Vitesse uitbundig uitgeluid door de fans. Met een dubbeldekker worden Van Gaal & co door de tankgracht van de Arena gereden. Daarna is het feest in café Soccer World, waar een emotionele Van Gaal, geflankeerd door z'n 83-jarige moeder, wordt toegezongen door René Froger en Karin Bloemen en wordt onderscheiden door zowel het koninklijk huis (ridder in de Orde van Oranje-Nassau) als door de gemeente Amsterdam (sportmedaille). 'Die afsluiting was schitterend. Met name die rondrit door de Arena. Ik zag mensen ons met tranen in de ogen uitzwaaien. Al die titels, de Champions League, de Supercup en de Wereldcup gewonnen. De fans groeiden met ons mee. Ook voor hen was het het einde van een tijdperk. Als geboren Amsterdammer deed het me allemaal wel wat. Ik ben en blijf een Ajax-jongen. Ik sloot ook niet uit dat ik er ooit terug zou keren.'

Maar op dat moment spookt er slechts één clubnaam door het hoofd van Van der Lem. En niet de minste. 'Op een dag zei Louis tegen mij: "Ik heb twee aanbiedingen van grote clubs waar ik heen kan. Jij mag kiezen met welke van de twee ik ga praten." Ik denk dat hij me op deze manier wilde bedanken voor al die jaren die achter ons lagen. "Barcelona of Real Madrid, jij mag het zeggen." Ik bedacht me geen moment: "Barcelona." Dat vond Louis wel een heel snelle keuze, maar ik had er een simpele verklaring voor. Ik ben gek op de zee. Madrid ligt midden in het land, het is er bloedheet in de zomer. Dus ging ik voor Barcelona. Als Madrid aan zee had gelegen, was het Madrid geworden. Maar het uitgangspunt was natuurlijk wel fantastisch. Twee rivalen, twee uitersten die allebei voor Louis gingen.'

Achteraf denkt Van der Lem dat Van Gaal van tevoren wel wist voor welke club zijn assistent zou kiezen. 'Hij kende mijn voorliefde voor de zee. We zaten met Ajax een keer op Curaçao na afloop van een seizoen. Elke ochtend namen we even de dag door, dat deden we op mijn verzoek op een terrasje vlak bij het water. "Wat moet je toch elke ochtend bij die zee?" vroeg Louis zich af. "Het ziet er toch elke dag hetzelfde uit?" "Nee, Louis," zei ik dan. "Elke keer is weer anders. Die zee slaat telkens weer op een andere manier tegen de rotsen aan. Dat vind ik geweldig." "O, vind je dat?" zei Louis dan. "Mij boeit het niet." Maar mijn liefde voor het water kende hij dus. Dat ik voor Barcelona koos, kan voor hem daarom nooit een verrassing geweest zijn. Maar een gedurfde keuze was het wel. Want bij Barça vecht je ook tegen de geest van Johan Cruijff, bij Real niet. Het bewees eens te meer dat Van Gaal geen lafaard was. Of ik ook meegegaan was naar Real? Ik denk het wel. Hoewel ik in die periode ook door Dick Advocaat werd gepolst voor Glasgow Rangers.'

Voordat het trio aan de slag gaat in Camp Nou, ook Frans Hoek sluit aan bij Van Gaal en Van der Lem, wordt getracht de basisbeginselen van het Spaans onder de knie te krijgen. De drie schrijven zich in bij een taleninstituut in Hoofddorp. 'Dat werd geen succes, we zijn er na vier dagen mee gestopt. Hoorndol werden we ervan, ik lag 's nachts alleen maar te ijlen, al die Spaanse woorden maalden maar door m'n kop. Wanneer gebruik je nou *ser* en wanneer *estar*? Is hebben nou *haber* of *tener*? En dat ging maar zo door. Spaans is zo'n rijke taal, zeggen ze. Dat kan dan wel zo zijn, maar je werd er stapelgek van. Dat bleek later ook wel op het trainingsveld, constant werden we gecorrigeerd door de spelers. Ik was al blij dat ik op taalkundig vlak links en rechts van elkaar kon onderscheiden en wist dat *balón* een bal is. Hoewel Louis later nog veel succes had met de introductie van zijn *balón de hospital*, een ziekenhuisbal.'

Hoofdstuk 30

Niet kreukvrij in Camp Nou

'Ongelooflijk.' Je hoort het Louis van Gaal verzuchten wanneer hij vlak voor zijn presentatie als trainer van Barcelona op 30 juni 1997 zijn assistent ontwaart. Zelf gaat de oefenmeester gekleed alsof hij later op de dag nog op bezoek moet bij de koning van Spanje. Bij hem vergeleken slaat Van der Lem een modderfiguur met een outfit die gerust als *underdressed* mag worden betiteld. Het overhemd van de assistent schreeuwt om een mooi pak, maar in plaats daarvan fladdert het boven een ordinaire spijkerbroek. 'Ga jij maar ergens achteraan zitten,' bijt Van Gaal zijn trouwe assistent toe. En nogmaals: 'Ongelooflijk.'

Van der Lem groet de massaal uitgerukte pers in het veel te kleine en benauwde Sala de Juntas, een achterafzaaltje in het immense Camp Nou waar de club traditiegetrouw haar nieuwe trainers en grote aankopen presenteert, en zoekt een zitplaats op buiten de spotlights. Dat licht is gereserveerd voor Van Gaal, voorzitter Josep Lluís Núñez en Bobby Robson. De Brit heeft weliswaar nog een doorlopend contract als hoofdtrainer, maar moet tandenknarsend genoegen nemen met een rol op het tweede plan, als internationaal directeur scouting. Maar Robson blijft *every inch a gentleman*: na de ondertekening van de contracten reikt hij z'n opvolger sportief de hand, de Nederlander schudt hem hartelijk.

Met behulp van een tolk strooit Van Gaal wat gemeenplaatsen uit over zijn gehoor. Zijn eerste confrontatie met zijn *amigos de la prensa* verloopt deze maandag verder rimpelloos. In tegenstelling tot het alledaagse kloffie van Van der Lem, dat laat de wenkbrauwen fronsen, ook bij de andere assistent-trainer, Frans Hoek. Van der Lem: 'Logisch, want ik had nota bene van een vriend van Hoek, die in de confectie werkte, twee mooie lichtgewicht pakken gekregen, daar lag het niet aan.'

De schuldige van de confectiecrisis moet worden gezocht achter de receptie van hotel Rey Juan Carlos, waar Van der Lem in goed vertrouwen zijn pakken achterlaat om te laten stomen. 'M'n vrouw zei dat dat een goed idee was, dan ging de kreuk eruit. Twee dagen voor de presentatie heb ik ze meegegeven, maar ik heb ze nooit meer teruggezien. Een paar uur voor aanvang van de contractondertekening vertelden ze me met het schaamrood op de kaken dat ze zoek waren. Wat nu, dacht ik. Ik deed m'n koffer open en zag enkel het mooie overhemd dat ik eronder zou dragen en verder alleen maar een sloot aan korte broeken. En gelukkig ook nog een spijkerbroek. Heb ik die maar aangedaan, ik moest toch wat.

Ik zie nog dat gezicht van Louis. Die had meteen spijt dat-ie me had meegenomen naar Barcelona.'

Bij het bezichtigen van de appartementen kan Van der Lem zijn flater goedmaken. 'We kregen alleen maar saaie woningen in de buitenwijken van Barcelona te zien, dat vond ik helemaal niks. Ik was al eens met vakantie in Sitges geweest, een mooi badplaatsje op zo'n 35 kilometer van Barcelona. Daar ging ik dus kijken voor een appartementje. We zagen een mooie te huur staan, maar ja, dat kostte wel 5000 gulden per maand. Aan de andere kant: m'n vrouw en kinderen gingen ook mee, ik moest het zo aantrekkelijk mogelijk voor ze maken. Dus hebben we het gedaan. Na ons eerste trainingskamp in Duitsland hadden we de zondag vrij en wilde Van Gaal, die nog in een hotel zat, weleens een kijkje komen nemen in Sitges. Het was mooi weer, op de boulevard liepen mensen op hun paasbest te flaneren, dat beviel Louis allemaal wel. Hoewel het zijn vrije dag was, was de makelaar er ook. Die wilde de nieuwe trainer van Barcelona ook weleens in het echt zien. In mijn appartementenblok was er nog één vrij. Terwijl Louis rondkeek, sloot Frans Hoek, die ons vergezelde, gelijk een deal met de makelaar. Aan het eind van de bezichtiging toonde Louis zijn interesse, maar de makelaar kon hem niet helpen. "Ik heb de laatste net verhuurd," zei hij tegen Louis. "O ja, aan wie dan?" wilde Louis weten. De makelaar wees op Frans. "Aan hem." Haha, die blik van Louis toen. Later kocht hij verderop alsnog twee appartementen, niet geheel toevallig gebouwd door het bedrijf van Núñez.

Nog steeds als ik in dat deel van Spanje ben, ga ik altijd even kijken in Sitges, kijken of m'n appartement er nog staat. De conciërge van toen zit er nog steeds.'

Hoofdstuk 31

José: de ambitieuze assistent

De grote herschikking van de functies in en om Camp Nou leidt ertoe dat sommige assistenten op straat komen te staan. Eén ervan zal later furore maken als trainer en zich uitroepen tot *The Special One*. Maar in de zomer van 1997 is José Mourinho nog een onbeduidende assistent die scheidend hoofdtrainer Bobby Robson bijstaat als tolk. Na het wegpromoveren van de Brit staat de functie van de 34-jarige Portugees op de tocht. 'Een ambitieus mannetje, toen ook al. Het leek me geen slecht idee om hem te behouden voor Barcelona. Hij sprak de taal, kende de spelers en de mores van de club, en hij had een doorlopend contract. Dus Louis ging naar Mourinho toe en vroeg 'm of hij wilde blijven. "*Yes Mister, I want to stay.*" "Oké," zei Louis. "*From now on you are my assistant.*" Hij bleef dus en hij heeft ons hartstikke goed geholpen. En hemzelf ook, want hij lette goed op tijdens de trainingen van Louis. Daar heeft José enorm veel van opgestoken. Hij wist waar hij goed in was – z'n mindere punten vulde hij aan met de kennis van anderen. Zo werkte Louis ook. Het creëren van een gemeenschappelijke vijand, de slachtofferrol spelen, dat ging José uitstekend af. Hij kon een groep aan zich binden en kon met z'n zelfverzekerde houding z'n zwakheden verbloemen. Hij kwam over als iemand die heel zeker was van z'n zaak.'

Maar wennen is het wel: de Zuid-Europese mentaliteit is een andere dan de nuchtere instelling van Van der Lem. 'Dan liepen we via een loopbrug over de weg van het grote naar het kleine stadion en stond beneden ons een oude man van een jaar of 65 in een wolk van stof zich in het zweet te werken met een pneumatische boor. Ik zei tegen José: "Moet je die man nou zien in de brandende zon. Ik heb echt met hem te doen. Wat hebben wij dan een geluk, hè?" José keek me enigszins misprijzend aan. "Geluk? Dat is geen geluk," schamperde hij. "Dat hebben wij afgedwongen. Want als die man naar boven kijkt en mij ziet lopen, denkt-ie: goh, die baan zou ik wel willen hebben. Ik weet dat hij dat denkt. Maar op het moment dat hij naar boven klimt om het over te nemen, trap ik hem weer naar beneden. Want anders sta ík daar straks met die boor, en ik heb liever dat hij daar staat. Het klinkt misschien bikkelhard in jouw oren, maar dat is ons overlevingsmechanisme. We geven ze de kans niet om over onze rug naar boven te komen." Tja, zo had ik er nog nooit over gedacht, zo was zijn strategie. Hij ging over lijken als het moest. Wij zitten wat anders in elkaar.'

Van der Lem en Mourinho gaan samen vaak op pad om

tegenstanders te scouten. 'Hij woonde bij mij om de hoek, we dronken vaak een koffietje samen. Ook onze vrouwen konden het prima met elkaar vinden. Hij was prettig gezelschap, zat nooit om teksten verlegen. José regelde ook altijd de praktische zaken in het buitenland, zoals het boeken van een hotel of het wisselen van geld. Als we gingen scouten, verdeelden we de taken. Hij de ploeg bij balverlies, ik in balbezit. Hij de corners, ik de vrije trappen. Wat ik uittikte, gaf ik aan hem, hij maakte er een mooi rapportje van voor Louis. Af en toe liet ik hem ook de trainingen leiden. Het enige waar ik hem niet in volgde, was het casinobezoek. Hij moest en zou bij elke trip het casino in, hij was een stevige gokker. Maar hij is goed terechtgekomen. Als je drie keer de Champions League wint, dan kun je wel wat. Met het winnen van prijzen is hij Louis voorbijgestreefd. De leerling die zijn meester overtreft.'

In zijn latere leven komt hij José nog één keer tegen rond het voetbalveld. 'In mijn tijd als assistent van Henk ten Cate bij Panathinaikos speelden we in de Champions League tegen Internazionale. Uiteraard maakten Henk en hij ruzie, maar toen-ie mij zag, werd de vrede meteen getekend. *"Hi Gerard, how is Margot?"* Hij wist alles nog, tot aan de namen van mijn kinderen aan toe. Hij mag dan af en toe onuitstaanbaar en bloedirritant zijn, ik heb altijd een zwak voor hem gehouden.'

Hoofdstuk 32

Xavi, Ribo & Pep

Vlak na het WK in Brazilië gaat Van der Lems telefoon. Nadat hij zijn naam heeft genoemd, hoort hij een bekende stem die Engels probeert te spreken. 'Jij, Engels?' zegt Van der Lem. *'Yes, Mister, I try.'* Het klinkt als Manuel, het hulpje in de huishouding van *Fawlty Towers*. Je hoort het John Cleese zo zeggen, berustend en excuserend tegelijk: *'I'm sorry, he's from Barcelona.'* Maar dit is niet zomaar iemand van Barcelona, dit is Xavi, de alleskunner van Camp Nou, de strateeg op het middenveld, de aangever van Lionel Messi die in 1998 vanuit de jeugdopleiding doorstroomt en -stoomt naar het eerste elftal waar hij zeventien jaar later pas weer uit verdwijnt, vele records en trofeeën rijker.

En nu hangt hij aan de lijn met Van der Lem. 'Hij had het nummer via Ibrahim Afellay gekregen. We praatten wat over het afgelopen WK dat zo slecht verliep voor de Spanjaarden. Aan het eind van het gesprek zei hij: *"Nunca lo olvidare"* – "Ik zal het nooit vergeten". Ik wist meteen waar hij op doelde. Ik trainde in die tijd twee keer in de week Barcelona B om te kijken of daar nog iets bruikbaars tussen liep voor het eerste elftal. Andrés Iniesta was nog net even te licht, Carles Puyol en Xavi waren al wel geschikt, vond ik. Dus mochten ze van Louis af en toe meetrainen met de grote jongens. Xavi durfde nog niet echt risico's te nemen, hij speelde te veel op zeker. Ik gaf hem het advies om vooral op trainingen veel meer steekpasses te geven en diep te spelen. Met balletjes breed win je geen wedstrijd, probeerde ik hem in de oren te knopen. Dat heeft wel geholpen, want later is hij veel risicovoller gaan spelen. Toen mocht-ie ook veel vaker bij het eerste invallen. Hij heeft nog eens ons het vege lijf gered door de enige goal te scoren tegen Valladolid, in december 1998. Van Gaal lag toen flink onder vuur, we stonden tiende. Die zege hadden we hard nodig.'

Maar de herinnering waar Xavi op doelt, vindt de zomer daarvoor plaats. 'Een paar wedstrijden voor het einde van de competitie vroeg ik hem waar hij naartoe zou gaan als hij vakantie had. "*Mister*, ik heb nog geen A-contract bij Barcelona, we zijn een arme familie uit een *barrio* ten noorden van Barcelona. We hebben geen geld voor vakantie." Dat raakte me wel. Toen heb ik hem mijn appartement in Sitges aangeboden. Hij wist niet wat hij hoorde. "Mag m'n broer ook mee?" vroeg hij. Tuurlijk mocht dat. Tussen twee trainingen door heb ik 'm voorgesteld aan de conciërge en hem de regels uitgelegd. Hij moest het appartement achterlaten zoals hij het had aangetroffen, geen rare taferelen binnen, neuken deed-ie maar op het strand. Ik heb het Margot niet verteld; later vond ze nog wel een flesje shampoo dat ze niet thuis kon brengen, toen zei ik maar dat ik dat van de club had meegenomen. Ik had het Xavi al beloofd, het zou lullig zijn als het niet door had kunnen gaan. Hij heeft twee schitterende weken gehad, genoten van begin tot eind. Nou ja, dat bedoelde hij dus toen hij zei dat hij het gebaar nooit vergeten was. Die gast heeft alles meegemaakt in z'n leven, zo'n beetje alle bekers die er bestaan gewonnen, en dan herinnert hij zich die zomer in Sitges in ons appartement. Hij wilde later trainer worden, zei hij. "En dan hoop ik net zo'n trainer te worden als u," voegde hij eraan toe. Dat deed me wel wat. Als zo'n grote speler dat over je zegt. Het zou me niet verbazen als hij een hele goede trainer wordt.'

Naast beginnende sterren telt de selectie van Barça ook een aantal gevestigde namen, zoals Vitor Baía, Miguel Ángel Nadal (de oom van tennisser Rafael), Luís Figo, Luis Enrique en Hristo Stoichkov. Om het vertrek van Ronaldo naar Internazionale op te vangen, investeert Louis van Gaal vooral in aanvallers. Voor in totaal 50 miljoen euro moeten de Brazilianen Sonny Anderson (Monaco) en Rivaldo (Deportivo la Coruña) de herinnering aan hun illustere landgenoot snel doen vervagen. Maar dat valt niet mee. Anderson lost de belofte nooit in. Rivaldo heeft het beter naar z'n zin in het *blaugrana*, hoewel hij erg moet wennen aan zijn andere positie in het elftal. Draaide bij Deportivo alles om de begenadigde linkspoot, in Camp Nou moet hij zich schikken in een meer dienende rol. 'We hadden Luis Enrique al op 10 staan, daar was geen discussie over mogelijk. Vandaar dat Louis hem op de linkerflank wilde posteren. Aanvankelijk wilde hij dat zelf ook. Ik zat bij de besprekingen waarin hij instemde met de plannen. Hij hoefde niet terug te verdedigen, kon lekker met assists strooien en zelf ook z'n doelpuntjes meepikken. Later werd het een ander verhaal, heeft hij het Louis heel lastig gemaakt. Toen ging de roem met hem op de loop, vooral toen hij in 1999 werd uitgeroepen tot Wereldvoetballer van het Jaar. Toen eiste hij telkens weer een centrale rol in het elftal, echt als een klein kind. Ja, dan moet je net bij Louis wezen. Die heeft 'm toen zonder pardon uit de selectie gekegeld.'

Van der Lem maakt een Rivaldo mee nog zonder al te grote sterallures. 'Hij noemde me 'papa'. Op een dag moest papa mee naar de parkeergarage onder het stadion. Ik stribbelde nog wat tegen omdat het daar altijd bloedheet was. Maar ik moest meekomen. Wilde hij z'n nieuwe auto aan me showen, een rode Ferrari. "Stap in, papa, ga zitten." Ik heb het gedaan, maar ik had er gelijk spijt van. Hij gaf me toch een dot gas op die Diagonal, tussen al die andere auto's. M'n maag zat in m'n keel. En hij maar vertellen hoe trots hij was dat-ie zich had ontworsteld aan een zware, harde jeugd die zich had afgespeeld in een sloppenwijk in Recife. Hij kon niet altijd naar school, z'n moeder had liever dat hij luciferdoosjes verkocht op straat, samen met z'n broertjes en zusjes. Aan het eind van de dag moest hij die paar centen inleveren bij z'n moeder, daar werd eten van gekocht. Dat verklaarde ook zijn instelling bij Barcelona: hij wilde constant dat zijn contract werd opengebroken en verbeterd, hij wilde geen peseta laten liggen. Hij droomde van een ander leven, met veel geld, met een mooie auto en nou had-ie er een. Dan keek hij me zo aan met die fiere blik, terwijl hij zijn bolide met ware doodsverachting door de straten joeg. "Geweldig Ribo," zei ik dan. "Ik ben trots op je, maar breng me nou maar terug naar het stadion, anders kots ik de bekleding onder."'

Niet alleen met spelers wordt Van der Lem dikke maatjes, het klikt ook met vicevoorzitter Nicolau Casaus, met wie hij een passie voor de betere sigaar deelt. 'Tussen twee trainingen door ging ik altijd even naar zijn kantoortje, daar was het heerlijk koel. Dan zeeg ik neer in een mooie, bruine fauteuil en dan liet meneer Casaus altijd twee fijne sigaren aanrukken en een flesje koud bier voor hemzelf. We zeiden bijna niks tegen elkaar, maar ik voelde me helemaal op m'n gemak. En vergis je niet, meneer Casaus was een held in Catalonië en ver daarbuiten. Hij had gevangen gezeten tijdens het regime van generaal Franco omdat hij het verzet aanstuurde. Dat wisten ze in heel Spanje. We kwamen een keer in Baskenland, waar we in eerste instantie nogal vijandig werden bejegend. Opeens loopt meneer Casaus het veld op, richting de middenstip, en er breekt toch een kabaal los. Op de middenstip deed hij even z'n hoed af, knikte naar het publiek en liep weer terug. Ook daar werd hij op handen gedragen.'

Tussen het contingent aan sterren loopt er ook eentje rond

die tot op de dag van vandaag wordt aanbeden. Tegenwoordig niet als speler, maar als trainer. 'Het is altijd moeilijk te zeggen of sommige spelers in de toekomst goede trainers worden, maar Pep Guardiola had het wel in zich. Hij was ontzettend gedreven, beleefde het voetbal met een intensiteit die ik eerder alleen bij Wim Jansen had gezien. Niet dat hij huilde na een nederlaag, maar je zag meteen aan hem of hij had gewonnen of verloren. Toen we er in 1997 neerstreken, was Pep natuurlijk al een ervaren, gerenommeerde speler. Hij hielp me in het begin ook met m'n Spaans, want hij was een van de weinigen die een beetje Engels spraken. Zo dacht ik dat vragen om de bal *preguntar la pelota* was, maar hij legde geduldig uit dat hier *pedir* moest worden gebruikt. Als ik het dan eindelijk begreep, stak hij een duim op en zei dan altijd: *"Muy bueno, Mister."* Hij was een sociale, gevoelige jongen, altijd bereid je te helpen.'

In zijn spel vergelijkt Van der Lem hem met Frank de Boer. 'Ook niet de snelste van het stel, maar positioneel ijzersterk. Net als De Boer stond Pep ook altijd op de goede plek. Het liefst ontweek hij de duels, terwijl hij centraal achterin stond, dus dat was geen eenvoudige opgave. Hij was, in tegenstelling tot Luis Enrique of Rivaldo, ook perfect tweebenig; een slanke, elegante voetballer die altijd naar een creatieve oplossing zocht. Dat had-ie natuurlijk geleerd van zijn vroegere trainer Johan Cruijff die hij echt adoreerde. Cruijff zag hij echt als een verlosser, die had afgerekend met het Real-syndroom, de aartsrivaal waar ze voorheen nooit van wonnen. En dat Cruijff zijn zoon Jordi noemde, niet alleen de naam van de patroonheilige van Barcelona, maar ook een naam die destijds onder generaal Franco verboden was, heeft alleen maar bijgedragen aan die status. Pep laat zijn teams ook voetballen in de geest van Cruijff. Aanvallend spel, niet stoppen bij 1-0, lekker doorgaan, het publiek moet vermaakt worden – dat is zijn filosofie. Als ik hem nu bezig zie, schieten die twee jaren dat ik met hem heb gewerkt wel door m'n hoofd. Ik denk dat als ik het trainingsveld op loop waar Pep werkt, hij meteen *'Muy bueno, Mister'* zal zeggen.'

Hoofdstuk 33

Klein-Holland

Het is voor het gezin Van der Lem even wennen aan het Spaanse ritme, maar al snel weten ze niet beter. Dat ze, zoals op de eerste avond, niet al om kwart over zes bij de plaatselijke eettent moeten staan, bijvoorbeeld. En dat je, meer dan in Amsterdam, publiek bezit bent. 'In Nederland kwam het maar zelden voor dat je werd aangeklampt. Hooguit werd er weleens wat naar je hoofd geslingerd wanneer je in Amsterdam op straat liep. "Zondag winnen, hè!", dat werk. Een keertje na een wedstrijd op een zondag ging ik bij een Chinees naar binnen om wat eten af te halen. Terwijl ik stond te wachten, zag ik een mevrouw steeds naar me kijken. Op een gegeven moment had ze al haar moed bij elkaar geraapt en stapte ze op me af. "Bent u het echt?" vroeg ze. Tja, wat moet je dan zeggen? "Ik denk het wel, mevrouw." Keek ze triomfantelijk naar haar man. "Zie je wel, ik zei toch dat het Cesar Zuiderwijk was." Met die drummer van Golden Earring ben ik wel vaker verward.'

Maar eenmaal in Barcelona stapelen de blikken der herkenning zich op. 'Ja, daar was ook de assistent-trainer een heel interessant persoon,' vertelt Van der Lem met een flinke scheut cynisme in zijn stem. 'Kwamen ze je weer storen bij het eten, voor een handtekening of een foto. Meestal zorgde de eigenaar van het restaurant er wel voor dat je in alle rust een hapje kon eten; die vond het natuurlijk ook schitterend dat een lid van de Barcelona-clan een vorkje kwam prikken. Bij mij bleef het altijd binnen de perken, maar kun je nagaan hoe dat bij de topspelers ging, of bij Louis. Als die zich in een restaurant vertoonde, ontstond er gelijk een oploopje. En een dag later stond het breed uitgemeten in een van de vier sportkranten, dat de trainer van Barcelona gesignaleerd was in dat restaurant. Tja, die kolommen moesten natuurlijk ook vol. In de kranten uit Barcelona, *Mundo Deportivo* en *Sport*, zijn de eerste vijftien pagina's gewijd aan Barça, en dan maakt het niet zoveel uit met welk nieuws de journalisten komen. Als ik op het vliegveld bezoek uit Nederland verwelkomde, werd er in de kranten druk gespeculeerd voor welke speler of zaakwaarnemer ik daar was. Ook als ik daar een vriend, of familie ophaalde. Ach, ik haalde er mijn schouders over op. Louis kon zich er nog weleens druk over maken.'

Zoals Van Gaal ook moet wennen aan dat typische Spaanse gebruik dat een glaasje wijn voorschrijft bij de lunch. 'Ik weet het nog goed, het was in het begin van de competitie. We hadden een wedstrijd op zondag. De dag daarvoor gebruikten we de lunch, waarbij de spelers een flesje wijn lieten aanrukken. Naast me ontplofte Louis bijna – zo'n interne explosie, alleen ik merkte het. "Dit kan toch niet?" was alles wat hij kon uitbrengen. Ik probeerde hem te kalmeren, raadde hem aan even af te wachten. Wat ze vervolgens deden, was vrij onschuldig. Ze schonken een glaasje in, lieten de wijn rondgaan in de mond en spuugden het toen weer uit. Niets aan de hand. "Maak je je daar nou zo druk om?" zei ik tegen Louis, alsof ik precies op de hoogte was van alle Catalaanse gebruiken.'

Maar wat Van der Lem wél beter begrijpt dan Van Gaal is dat de directe aanpak bij Spaanse voetballers minder effect sorteert dan bij hun Nederlandse collega's. 'Spanjaarden noemen dat *la manera*. Letterlijk: de weg. Als je iemand op z'n kloten wil geven, moet je eerst de zaken benoemen die hij wél goed doet. Langzaam kom je dan tot de kern van de zaak, dan komt de kritiek wel aan. Maar ja, zo was Louis natuurlijk niet. Die gaf onverbloemd en ongeacht de status van de speler zijn mening – en die loog er vaak niet om. Tja, dat werd niet altijd even goed ontvangen.'

En dus sijpelt er af en toe wat kritiek door langs de naden van Camp Nou. Zeker wanneer Van Gaal de Hollandse enclave gestaag aanvult met spelers als eerst Ruud Hesp, Winston Bogarde en Michael Reiziger en later met Patrick Kluivert, Boudewijn Zenden, Phillip Cocu en de gebroeders De Boer. 'Het was meer een item voor de buitenwereld. Wij hadden het er niet dagelijks over. Louis vond dat bij zijn manier van spelen een bepaald type voetballer hoorde – niet iedereen kon dat systeem uitvoeren. Dus was het logisch dat hij spelers naar Barcelona haalde die zijn filosofie onderstreepten en in praktijk konden brengen. Ja, dan kom je al snel bij Ajacieden uit, die kenden hem als de beste. Maar het lag natuurlijk wel gevoelig, Barcelona werd al klein-Holland genoemd en dat was niet bedoeld als een compliment. Zeker als de prestaties nog niet om over naar huis te schrijven zijn, kan het ook tegen je worden gebruikt. In die zin stak Louis z'n nek uit. Na het eerste seizoen stelde ik voor om Ronald Koeman op te nemen in de technische staf. "Dat is de enige Nederlander die ze hier probleemloos accepteren." Dat vond Louis een goed idee. Die hebben we vervolgens losgeweekt bij de KNVB waar hij toen in dienst was. Ronald had hier de status van een halfgod, die kon echt niet zomaar ongezien over straat.'

Van Gaal en Van der Lem zijn in de zomer van 1998 blij dat ze nog een baan hebben, want in het eerste seizoen scheren ze af en toe langs de afgrond. Met name het demasqué in de Champions League wordt het duo zwaar aangerekend. Barcelona verliest tweemaal afgetekend van Dinamo Kiev; met name de 0-4 in eigen Camp Nou op 4 november 1997 komt keihard aan. Wanneer de twee volgende competitieduels tegen Real Valladolid en Athletic Bilbao ook verloren gaan, doen de verkopers van witte zakdoeken goede zaken. Het '*fuera, fuera*' (eruit) zwelt aan in Camp Nou. 'Er kwam toen half november heel veel druk op het thuisduel met Celta de Vigo te liggen. Als we dat niet zouden winnen, zouden we de dag erop bij het grofvuil staan.'

Van Gaal stelt slechts één landgenoot op, Ruud Hesp en ziet met angst en beven hoe het onaanzienlijke Celta in eerste instantie Camp Nou stil krijgt. Wanneer Jorge Cadete namens de bezoekers vlak voor rust de 1-1 aantekent, trekt er een huivering over de rug van Van der Lem. Uiteindelijk haalt Barcelona met 3-2 bibberend de eindstreep en kan de ontslagbrief in de shredder. 'Die avond hebben we het vege lijf gered. Vanaf dat moment ging het ook steeds beter lopen. In de tweede seizoenshelft lieten we nauwelijks nog steken vallen. We versloegen Real Madrid met 3-0, dat doet het natuurlijk altijd goed in Catalonië. Toen we zowel de landstitel als de beker pakten, zaten we op rozen. Tussendoor wonnen we tegen Borussia Dortmund ook nog de Europese Supercup.'

Van der Lem geniet van de intensiteit van het Spaanse voetbal. 'Ik vergeleek het altijd maar met een snelkookpan. Op maandag gingen de spelers erin, elke dag werd die pan een beetje heter. Als je op zondag het deksel eraf trok, sprongen er 22 moordenaars uit. De heftigheid van die wedstrijden, dat was ongelooflijk. En net als dat in Nederland iedereen van Ajax wilde winnen, moest en zou in Spanje ook altijd Barcelona worden verslagen. Dat zat in de landsaard. Dus was iedereen opgefokt en verliepen de wedstrijden van ons altijd in de hoogste versnelling. Probeer in die hectiek dan maar eens rustig te blijven. Maar dat ging ons steeds beter af. We hielden steeds beter de controle.'

Wanneer de druk wat van de ketel is, kan Van der Lem ook genieten van de randzaken binnen het Spaanse voetbal, zoals de beleving rond thuisduels in Camp Nou. 'Heerlijk, hoe dat immense stadion altijd langzaam volstroomde. De mensen netjes aangekleed, grootouders en kinderen mee, allemaal op hun paasbest. Keurig een kopje koffie drinkend, zo met het pinkje omhoog. Veel mensen namen een feestsigaar mee of een zakje zonnepitten. Het is veel beschaafder dan in Nederland, waar iedereen bier drinkt en schreeuwt. Achter het doel stonden een paar ultra's, maar voor de rest was de sfeer niet al te fanatiek. Het is echt een familieaffaire. Seizoenkaarten gaan van vader op zoon, de stoelen blijven binnen de familie. Er is een wachtlijst van een jaar of twintig. Ajax was in die periode qua prestaties misschien wel een betere club, maar de uitstraling van Barcelona en Camp Nou was zoveel groter. Voor mijn gevoel was het ook altijd mooi weer, ik kan me geen wedstrijd met regen herinneren.'

Hoofdstuk 34

De geest van Johan Cruijff

Hij heeft het meerdere keren geprobeerd, in de stijl van EO's *Het Familiediner*. Maar waar Bert van Leeuwen nog weleens een succesje boekt in zijn pogingen om mensen die met elkaar in onmin leven toch aan één tafel te krijgen, moet Van der Lem telkens afhaken. Het lukt hem maar niet om Louis van Gaal en Johan Cruijff in één ruimte te krijgen, laat staan dat de vredespijp kan worden gerookt. Beide ego's staan een ontmoeting in de weg. 'Johan bekritiseerde vaak het spel van Barcelona, daar reageerde Louis dan weer op. Dat bleef maar heen en weer gaan. Mij kon het allemaal weinig schelen, Louis wond zich er vaak over op. Kijk, als we wonnen van Real Madrid dan hield Johan wijselijk z'n mond, kon er zelfs nog wel een complimentje vanaf, maar over het algemeen ging er in zijn optiek weinig goed. Dan kan de kritiek soms nog zo onredelijk zijn, van Johan win je het nooit. Dat heb ik ook tegen Louis gezegd. Die wist natuurlijk ook wel dat de geest van Johan altijd boven Camp Nou hing. Logisch natuurlijk. Hij was midden jaren zeventig de grote vedette van Barcelona, en later als trainer de architect van het Dream Team dat in 1992 de Champions League won en vier keer op rij landskampioen werd. Zijn status was onaantastbaar. Het was zinloos om steeds weer die discussie te zoeken.'

Toch ziet Van der Lem het als zijn taak om iets van een constructieve dialoog tot stand te brengen, in plaats van wederzijdse schimpscheuten. 'Je kan toch als twee volwassen mannen bij elkaar komen en de problemen uitpraten? Natuurlijk waren het twee persoonlijkheden met uiteenlopende karakters, maar ze deelden wel dezelfde passies: Ajax en Barcelona. Bij die laatste club hadden Louis en ik nu de eindverantwoordelijkheid. Ik vond het niet meer dan logisch dat wij moesten proberen de partijen dichter bij elkaar te brengen. Dat probeerde ik Louis ook aan het verstand te brengen.'

Van der Lem heeft al eerder de rol van vredestichter gespeeld. 'Louis was destijds trainer van Ajax, Van Hanegem zat bij Feyenoord en Advocaat trainde PSV. Toen maakten ze elkaar in de krant ook constant voor rotte vis uit. Ik werd er doodziek van. Tijdens het Voetballer van het Jaar-gala van *De Telegraaf* zat ik aan een tafel met Louis. Verderop zaten Van Hanegem en Advocaat. Ben ik eerst effe naar De Kromme gelopen, beetje slap ouwehoeren. Die begon weer te fitten op Louis en Advocaat die hij 'die kleine' noemde. Dus ik naar Advocaat, die ook van 'Louis zus en Van Hanegem zo' was. Het hield maar niet op. Ze konden van elkaar maar niet accepteren dat ze verschillende karakters hadden, dat ze het ieder op hun eigen manier deden. Uiteindelijk heb ik ze alle drie bij elkaar gekregen en dat pakte zo goed uit, dat ze later zelfs met de vrouwen erbij uit eten zijn gegaan. Met z'n zessen dus, en wie ontbrak er die avond? Juist. De man die het allemaal had geregeld zat lekker thuis bij Margot. Toen hadden ze me niet meer nodig, haha. Nou ja, datzelfde scenario had ik ook bij Van Gaal en Cruijff voor ogen.'

Maar in Barcelona sorteert Van der Lems stille diplomatie geen effect. 'Van Gaal was er wel voor in, hij wilde het wel bijleggen met Johan. Hij zou het thuis gaan bespreken. Maar een vervolg is er nooit gekomen. Later heb ik begrepen dat Truus er niet zo enthousiast over was. Een van de twee moest een handreiking doen en Truus vond niet dat Louis dat als eerste moest doen. Terwijl als Louis het wél had gedaan, denk ik dat Cruijff daar wel op ingegaan was. Zo schatte ik Johan ook in, een doodnormale Amsterdamse jongen die door anderen op een voetstuk werd geplaatst, maar niet door zichzelf. Maar ja, als niemand dan de eerste stap doet, verandert er niks. En dat is precies wat er gebeurde. Een toenadering had ook in de toekomst een hoop problemen kunnen schelen bij Ajax. Die strijd tussen Louis en Johan laaide telkens weer op, die is tot in de rechtszaal blijven dooretteren. En telkens werd aan iedereen gevraagd in welk kamp hij hoorde: in het Cruijff-kamp of in het Van Gaal-kamp, ook zo vermoeiend. Daar heeft Frank de Boer nog zo'n last van gehad toen hij hoofdtrainer van Ajax was. Terwijl hij loyaal was aan beiden, voor hem waren het alle twee giganten. De een had 'm naar

Ajax gehaald en de kans gegeven, de ander had 'm opgevoed en gepolijst. Dat De Boer in die periode rustig bleef, zijn elftal beschermde voor de uitslaande brand en vier keer op rij kampioen werd, daar kun je alleen maar bewondering voor hebben. Maar het blijft eeuwig zonde dat ik toen in Barcelona niet dat beslissende zetje heb kunnen geven, dat had het Nederlandse voetbal een hoop ellende bespaard. Ze weigerden over hun eigen schaduw te stappen om te proberen een brug te slaan naar elkaar. En nu kan het niet meer.'

Hoofdstuk 35

Afscheid van Louis

Het tweede seizoen in Barcelona verloopt bijna identiek aan het eerste. Wederom kent het elftal een stroeve start. In de poulefase van de Champions League wordt enkel van Brøndby gewonnen, en Manchester United en Bayern München zijn een maatje te groot. Als het elftal van Van Gaal vier keer op rij verliest in de Primera División, moet vlak voor kerst van Real Valladolid worden gewonnen om het langer bij Barcelona uit te houden dan de plaatselijke kalkoen. Juist op dat moment besluit Xavi om zijn eerste goal uit zijn lange carrière te produceren, waardoor het Nederlandse duo in elk geval het nieuwe jaar haalt. Na de winterstop staat er een ander Barça op het veld: na een reeks van dertien ongeslagen wedstrijden wordt soepeltjes de tweede landstitel op rij binnengesleept. En net als een jaar eerder krijgt Real Madrid, nu met Guus Hiddink aan het roer, met 3-0 klop in Camp Nou.

Op papier is Van der Lems rol onveranderd gebleven. Hij blijft zowel de vertrouwenspersoon van Van Gaal als van de spelers. 'Ik kreeg een steeds beter gevoel met de taal. Las elke dag de krant, dat werkte ook goed. Louis had daar wat meer moeite mee, die gooide altijd de krant weg op het moment dat hij de naam Johan Cruijff ontwaarde. Mij ging het Spaans steeds beter af, hoewel ze daar nog liever hadden gezien dat ik Catalaans zou gaan leren. Dat ging me wat te ver. Maar ik brabbelde er lekker op los. Wat ik hoorde in de kleedkamer hield ik vaak voor mezelf; pas als het echt in het teambelang was, vertelde ik het Louis. Zo ging het ook bij Ajax.'

Maar het is juist een oud-Ajacied die de relatie tussen trainer en trouwe assistent onder druk zet. In mei 1999 komt Van Gaal met een triomfantelijk gezicht de trainerskamer van Barcelona binnen. '"Gefeliciteerd," zei Louis. Dus ik van: "Jij ook gefeliciteerd, Louis, maar waarmee eigenlijk?" Hij: "We hebben zojuist Jari Litmanen vastgelegd voor volgend seizoen." Toen moest ik wel even slikken. Vooropgesteld: ik vond en vind Jari een geweldige gozer, het persoonlijke aspect had er niets mee te maken. Maar ik vond dat het beste er wel een beetje vanaf was bij Jari. Al die jaren op topniveau hadden hun tol geëist, hij had een broos gestel, was inmiddels flink blessuregevoelig. En ik vond het ook niet slim om wéér een oud-Ajacied aan de selectie toe te voegen, daar hadden we er al zoveel van. In de winterstop waren Frank en Ronald de Boer overgekomen, en Cocu, Kluivert, Hesp, Zenden, Bogarde en Reiziger liepen hier ook nog rond. Hij was in z'n paspoort dan wel geen Nederlander, maar eigenlijk was Jari het voor driekwart wel. Toen Louis zijn naam eerder dat seizoen opperde als potentiële versterking, was ik dan ook niet enthousiast. Toen ik dat zei, reageerde Louis verbolgen. "Jij bent altijd negatief," slingerde hij naar m'n hoofd. Terwijl ik gewoon eerlijk mijn mening gaf, zoals altijd.'

Het negatieve transferadvies wordt door Van Gaal in de wind geslagen. Na zeven jaar Ajax wordt Litmanen overgeheveld van de Arena naar Camp Nou. 'Zijn goed recht natuurlijk, maar in tegenstelling tot alle vorige transfers had hij er dit keer vooraf helemaal niets over gezegd. Hij presenteerde het als een voldongen feit; voorheen werd er altijd overlegd over dit soort zaken. Ja, dat heeft onze samenwerking wel een knauw gegeven. Toen kreeg ik het gevoel dat mijn inbreng niet meer zo op prijs werd gesteld. Dat na acht jaar lief en leed gedeeld te hebben, de chemie over was.'

Zoals vaker besluit de Amsterdammer zijn gevoelens niet weg te stoppen, maar bespreekbaar te maken. De afstand tussen hart en tong is bij Van der Lem vrij gering. 'Ik had het op een bepaalde manier nog jaren vol kunnen houden, maar dus niet zoals ik gewend was. Ik had altijd het gevoel dat Louis openstond voor mijn visie, in elk geval naar me luisterde. Dat ik er niet voor spek en bonen bij liep. Dat hij uiteindelijk als hoofdtrainer de knopen moest doorhakken was logisch, maar wel nadat ook ik mijn input had gegeven. Anders kan elke boerenlul met een trainersdiploma Louis assisteren. Altijd maar jaknikken, nooit wat zeggen, lekker meebewegen met de hoofdtrainer, daar kun je best je pensioen mee halen. Maar zo zat ik niet in elkaar. Mijn inbreng had gewerkt, we vertrouwden elkaar, hadden onderling geen geheimen. Dus toen hij zonder enig overleg Litmanen presenteerde, knakte er wat bij mij. En schoot het meteen door me heen dat dit weleens het einde van onze samenwerking kon betekenen, dat we wegdreven van elkaar. Ruzie hebben we absoluut niet gehad, laten we het lichte wrijving noemen. En misschien was het ook weleens goed om na al die jaren een andere afslag te nemen.'

Van der Lem draait niet om de zaken heen en deelt Van Gaal in de loop van juni mee dat de wegen zich zullen gaan scheiden. De hoofdtrainer reageert *not amused* en herinnert zijn assistent fijntjes aan zijn contract dat nog een seizoen doorloopt, met daarna nog een optie van twee jaar. Op zijn beurt diept Van der Lem een belofte uit het verleden op. 'Louis wist precies waar ik het over had. Als ik op eigen benen wilde gaan staan, zou hij me altijd steunen, had hij me ooit beloofd. "Ik wil niet dat je gaat, maar dat heb ik ooit wel gezegd," zei Louis. Dat is ook Louis. Een aparte man, maar wel eentje van: een man een man, een woord een woord. Ik heb met flink wat figuren in het voetbal bonje gehad, omdat ze niet eerlijk waren of omdat ze achter je rug heel andere dingen zeiden dan recht in je gezicht, maar daar heb ik Louis nooit op kunnen betrappen. Hij is altijd straight geweest. Natuurlijk probeerde hij me nog wel op andere gedachten te brengen. Op financieel gebied hoefde ik me nooit van m'n leven meer zorgen te maken, maar geld vond ik van ondergeschikt belang. Ik wilde genieten van de reis en dat deed ik op dat moment niet meer. Het voelde als een echtscheiding. Het waren acht intensieve jaren geweest, maar ook prachtige jaren. Ik heb veel van hem geleerd, hij hopelijk ook van mij.'

Wat ook helpt: Van der Lem heeft inmiddels een aanbieding op zak van AZ, dat na Willem van Hanegem wederom een praktijktrainer zoekt. Van der Lem voelt zich gestreeld door de interesse uit Alkmaar, wil echter eerst de zaken in Barcelona goed afhandelen. 'Maar dat aanbod van AZ sterkte me wel om definitief een andere richting te kiezen. Louis nam contact op met voorzitter Núñez, herinnerde hem ook aan de belofte die hij aan mij had gedaan, en het eind van het liedje was dat ik probleemloos kon vertrekken uit Barcelona. Thuis viel dat een stuk minder. Margot en mijn jongste dochter Daniëlle waren inmiddels gewend geraakt aan het Spaanse leven, het eten, de zon. En het leven in Sitges wás ook fantastisch, daar raakte je snel aan verslaafd. Een jaar extra was geen straf geweest, maar ik vond dit toch het goede moment om terug te keren. Mijn oudste dochter Fanny had dat al eerder gedaan, die kreeg na een paar maanden al heimwee. Dit was het moment om de hele familie te herenigen.'

Echt afscheid van de spelers, de technische staf en alle andere Camp Nou-bewoners heeft hij niet kunnen nemen. 'We hadden na het laatste competitieduel een gezamenlijk etentje, maar toen was nog niet duidelijk dat ik zou stoppen. Toen dat eenmaal bekend werd, was iedereen al gevlogen.'

Hoofdstuk 36

Van Camp Nou naar de Alkmaarderhout

Het lijkt niet één stap, maar een marathon achteruit. Van wereldstad Barcelona naar provincieplaats Alkmaar. Van een van de mooiste kathedralen van het voetbal naar een krakkemikkig achterafstadionnetje dat elke ochtend weer de keuze maakt tussen oprichten of ineenzakken. En dan ook nog moeten afkicken van de dwingende aanwezigheid van Louis van Gaal – menig trainer zou in een identiteitscrisis belanden.

Van der Lem niet. Hij geniet in zijn nieuwe behuizing (een veredelde container) achter de hoofdtribune van de Alkmaarderhout van het uitzicht op het trainingsveld en de aanpalende begraafplaats. En van het feit dat hij het nu alleen voor het zeggen heeft op technisch en tactisch vlak. Oké, hij is in zijn Haarlem-periode even een paar maanden de baas geweest, maar dat slechts op invalbasis, om te redden wat er, zo blijkt al snel, niet meer te redden is. 'Bij AZ voelde ik me gelukkig. Ik heb nooit getaald naar status of geld. En zeg nou zelf: de Alkmaarderhout was toch een plaatje? Een zalig oud stadion. Het veld liep een beetje bol, de grasmat stak in een puike conditie, er werd dagelijks gesproeid, de omstandigheden waren perfect. Als veld deed het niet onder voor Camp Nou. Eigenaar Dirk Scheringa verontschuldigde zich er bijna wekelijks voor, zei steeds dat er binnen afzienbare tijd een nieuw stadion zou verrijzen, maar ik schaamde me nergens voor. Dat nieuwe stadion is er uiteindelijk wel gekomen, zeven jaar nadat ik trainer werd van AZ, haha.'

Met Dirk Scheringa is de naam genoemd van de ietwat wereldvreemde voorzitter die zich omhoog heeft gewerkt van belastingadviseur op de zolderkamer tot bankdirecteur, die zich laat omringen door lijfwachten en die grote plannen heeft met AZ, de club waarvan hij in 1993 voorzitter wordt. Een prominente plek op de elftalfoto voorafgaand aan het seizoen, tot vlak voor de wedstrijd langs de zijlijn, bezoekjes aan de kleedkamer; op publicitair gebied is de megalomane Scheringa niets te dol om in beeld te komen. Veel last heeft Van der Lem er niet van. 'Hij bemoeide zich nooit met de dagelijkse gang van zaken. Eén keer per week hadden we overleg, soms belde hij me op. Het was natuurlijk een vreemde vogel. Ik zie hem nog zo staan in het spelershome van AZ, dat een soort bruine kroeg was. Buiten vielen de mussen van het dak, hij stond er met geitenwollen sokken wat onwennig te zijn. Na een paar wedstrijden stelde ik hem voor aan Margot. Hij gaf haar zo'n slap handje, terwijl hij wegkeek.

Moet je net m'n vrouw hebben. Die was de hoffelijke Núñez gewend die vaak met cadeautjes aan kwam zetten voor de vrouwen van de trainers. "Wat is dat er nou voor één?" zei ze. Toen heb ik Scheringa de volgende dag wel even gebeld om te vragen of-ie soms mensenschuw was. Toen gaf hij zelf ook wel toe dat-ie dat verkeerd had aangepakt.'

Van der Lem treft bij AZ een gemêleerde spelersgroep aan, met jong talent dat zich omringd weet door de nodige ervaren krachten. 'Oscar Moens, Barry Opdam, Peter Wijker, Peter van den Berg, John Bosman, Kenneth Perez, Max Huiberts en we hadden een geweldig middenveld met Fernando Ricksen, Dries Boussatta en Barry van Galen. De overgang van tweede naar eerste man verliep ook prima: ik had in al die jaren bij Louis ook de verantwoordelijkheid over een tweede elftal, dus aanpassingsproblemen waren er niet. Ik voelde geen druk, had een goede leerschool gehad en met dit spelersmateriaal zag ik het helemaal zitten. Toen we de eerste twee duels wonnen, van Fortuna Sittard en RKC, was Scheringa gelijk in de wolken. Enig nadeel was dat Martin Haar al vroeg in het seizoen inging op een aanbieding uit Oostenrijk. Die kende de club natuurlijk als geen ander, maar ik gunde hem deze overstap. Toen heb ik Co Jager aangetrokken als assistent. Co was twee jaar jonger dan ik, ik kende hem al uit de Ajax-jeugd, hij zat in hetzelfde elftal als mijn broertje. Het was eigenlijk een vergelijkbaar verhaal als Louis en ik. Co was fel en scherp, ik was veel rustiger. Ik heb meerdere keren spelers in m'n kamertje gehad die bijna smeekten of ik Co niet kon ontslaan, want zijn directe aanpak werkte bij sommigen weleens op de zenuwen. Maar ik vond de combinatie met Co goed werken. Om met Louis te spreken: we waren complementair aan elkaar.'

Van der Lem laat het elftal spelen naar de mogelijkheden en dat levert aantrekkelijk voetbal en doelpuntrijke duels op. Zo wordt Sparta met 6-3 verslagen, en moeten er ook telramen aan te pas komen bij MVV-AZ (3-4) en Feyenoord-AZ (5-3). 'We werden keurig zevende in de eindstand, scoorden dat seizoen bijna net zoveel als Ajax. Weet je wat jammer was, dat we net de bekerfinale niet haalden. We hadden in de achtste finale Feyenoord uitgeschakeld door in De Kuip met 3-1 te winnen, maar struikelden in de halve finale over NEC na strafschoppen. Maar al met al draaiden we een heerlijk seizoen. Aan het eind van het seizoen belde Louis op. Hij was inmiddels weg bij Barcelona en tot bondscoach benoemd van het Nederlands elftal. Hij vroeg me of ik weer z'n assistent wilde worden, maar ik heb vriendelijk bedankt voor de eer. Het liep lekker bij AZ, ik wilde mijn contract gewoon uitdienen. Als ik toen had geweten hoe het tweede seizoen zou verlopen, had ik misschien iets anders beslist.'

Het is een roerige zomer in Alkmaar, aan verschillende spelers wordt getrokken. Zo kan Ricksen tekenen bij Glasgow Rangers en heeft Feyenoord zijn zinnen gezet op Van Galen. Van der Lem kan die laatste transfer nog voorkomen, maar Ricksen raakt hij wel kwijt aan het Rangers van Dick Advocaat. 'Scheringa kwam jubelend naar me toe met het nieuws dat Rangers 5 miljoen gulden wilde betalen voor Ricksen. Dat zou een clubrecord betekenen, de grootste transferprijs uit de historie. "Niet meteen happen," zei ik. "Rangers heeft geld zat. Gewoon vijftien miljoen vragen, dat is peanuts voor die club." Scheringa keek me aan of ik gek was geworden: "Dat betalen ze echt niet." Maar hij deed het toch, zo'n zakenmannetje was het dan ook wel weer. Kreeg ik een boze Advocaat aan de lijn, dat dat toch geen bedragen waren. Zei ik tegen hem dat de clubs voor Ricksen in de rij stonden – wist hij veel. Uiteindelijk betaalden ze twaalf miljoen, toen heb ik Scheringa nog nooit zo uitgelaten gezien. Als vervanger van Ricksen kochten we Jan Kromkamp van Go Ahead Eagles. Heerenveen en Vitesse zaten ook op het vinkentouw: ik ben bij Jan en z'n ouders langs geweest voor een persoonlijk gesprek, mede daarom kozen ze voor AZ. Hij moest drie miljoen kosten, maar ik had via een kennis gehoord dat het water Go Ahead aan de lippen stond. Dus adviseerde ik Scheringa om één miljoen te bieden. Een paar dagen later hadden we Kromkamp binnen de poorten. Had Dirk toch gewoon drie miljoen afgetikt. Nou ja, kon mij het schelen. Ik had m'n versterking binnen. Nog niet zo goed als Ricksen, maar wel met net zo'n enorme drive. Pas later als rechtsback heeft-ie zich echt goed ontwikkeld, haalde hij zelfs Oranje.'

Vergeleken met het eerste seizoen maken de prestaties een duikvlucht. Van het frivole en frisse AZ is een jaar later weinig meer over. Wanneer AZ tussen november en februari geen enkel duel wint, wordt de situatie rond Van der Lem zelfs penibel. En dan is de aanwezigheid van een directeur voetbalzaken die zich als een intrigant ontpopt, ook niet echt handig. 'Hans van der Zee was een intelligente jongen met verstand van zaken, alleen boterde het op een gegeven moment niet meer zo tussen ons. Ik was druk in bespreking met het bestuur over contractverlenging; tegen mij zei Van der Zee dat hij daar ook vierkant achter stond. Maar tegen Scheringa beweerde hij heel andere dingen, dat er wel van trainer moest worden gewisseld. Ook zorgde hij voor onrust in de selectie. Op een dag kwam Boussatta naar me toe. "Waarom zegt u het gewoon niet tegen ons?" voegde hij me toe. Ik had een goede relatie met Dries, kende hem al uit Ajax 2. "Waar heb je het over, Dries?" vroeg ik hem. "Nou, dat we volgend seizoen met twee spitsen gaan spelen." Ik wist helemaal niet waar hij het over had. "Van wie heb je dit, Dries?" informeerde ik. "Dat heeft Hans van der Zee ons verteld."

Ik sprak Van der Zee erop aan, maar hij ontkende dat hij het had gezegd. Ik wil de man niet zwartmaken, maar zijn ondermijnende gedrag heeft zeker bijgedragen aan mijn vertrek bij AZ.'

De bom barst na een thuisnederlaag tegen De Graafschap, op 30 maart 2001. AZ verprutst kans op kans, de Superboeren van Jurrie Koolhof hebben aan een goal van Marino Promes genoeg om de zege te stelen. Een dag later dient Van der Lem zijn ontslag in, hij krijgt de boel niet meer aan de praat. 'Later heeft John Bosman nog weleens z'n excuses aangeboden omdat hij in die laatste periode kansen miste die hij normaal gesproken nog met één been zou verzilveren. Maar dat was natuurlijk niet de hoofdoorzaak. Ik begreep ook wel dat Scheringa iets moest doen, de druk op hem werd steeds groter. Het gekke was dat ik een paar maanden eerder nog met hem had onderhandeld over een nieuw contract. Ikzelf hoefde geen salarisverhoging, maar ik vond wel dat mijn assistenten er 1000 tot 1500 euro per maand bij moesten krijgen. Als de assistenten tevreden zijn, ben ik het ook, dat werkt als smeerolie. Dat vond Scheringa maar raar, een trainer die niet meer geld wilde. "Nou, wen d'r maar aan," zei ik toen. Een paar maanden later was alles anders. Hij heeft overigens de laatste maanden van mijn contract keurig uitbetaald.'

Als kleine pleister op de wonde krijgt ook Van der Zee een paar dagen na Van der Lem zijn congé als gevolg van een 'ernstig verstoorde werkrelatie'.

Hoofdstuk 37

Spookcontract in Japan

Het ontslag bij AZ is nog maar net verwerkt of de telefoon gaat over in de auto waarmee Van der Lem en zijn vrouw met vakantie zijn in Spanje. Een *long distance-call* vanuit Tokio, een zekere Noboru Ishitani stelt zichzelf voor. 'Hij vertelde me dat een Japanse club belangstelling voor me had. En dat de clubleiding binnenkort naar Nederland kwam en me wilde ontmoeten. Het ging om Oita Trinita, een club van het zuidelijke eiland Kyushu. Ik kreeg er ook nog een gratis geschiedenislesje bij cadeau. Hij legde uit dat Nederlanders er al eeuwenlang goed aangeschreven stonden, omdat het de eerste buitenlanders waren die daar aan land kwamen om handel te drijven namens de VOC. Dat leerden de kinderen daar nog steeds uit de geschiedenisboekjes. Wisten we dat ook weer.'

Bij terugkomst uit Spanje gaat Van der Lem met de clubleiding om de tafel. Het gezelschap is er snel uit. De nieuwe trainer en zijn assistent Co Jager ondertekenen een contract voor tweeënhalf jaar dat ingaat op 1 juli 2001, maar pas wordt geeffectueerd aan het begin van 2002, wanneer de Japanse competitie begint. In de tussentijd mag het duo zich grondig voorbereiden op de nieuwe uitdaging. 'Het seizoen in Japan loopt tot december, ze respecteerden het contract van de zittende trainer. Voordat we in januari zouden beginnen, zouden we verspreid over twee periodes een kijkje nemen. We gingen eerst in september die kant op, vlogen businessclass, alles was prima geregeld. En ondertussen stortten ze maandelijks keurig ons salaris. In december vlogen we weer naar Japan, kregen zo een prima beeld van de club en hadden de tegenstanders ook al in kaart gebracht. Ze speelden in de tweede divisie, we schaalden al in dat promotie tot de mogelijkheden behoorde.'

Totdat in december een onderhoud volgt dat alle snode plannen onderuit zou halen. 'We zaten in een hotel in Tokio, waar de manager van Oita langskwam. We dachten om de laatste details met ons door te nemen, maar al snel kreeg het gesprek een andere wending. "Coach, *I'm sorry, but you are free to go wherever you want.*" *"Free to go?"* reageerde ik, "we gaan volgende maand beginnen. Waar heb je het over?" Wat bleek: alle clubs in de tweede divisie hadden een brief ontvangen van de bond waarin stond dat het verboden was om nog langer buitenlandse coaches in te huren. Zittende trainers mochten hun contract afmaken. Voor de hoogste divisie gold zo'n verbod niet, maar ja, Oita speelde een klasse lager. Dat had ik weer. In eerste instantie reageerde ik boos:

zo'n regeling kwam toch niet zomaar uit de lucht vallen? Daar moest de club toch weet van hebben gehad? Hij bezwoer van niet. Dat ze er niets aan konden doen, dat ze met handen en voeten gebonden waren aan die maatregel. Maar dat waren ze ook aan ons, we hadden gewoon een rechtsgeldig contract dat nog twee jaar voortduurde. Wat ze daaraan wilden gaan doen?'

Van der Lem stelt een compromis voor. 'Een jaar salaris voor Mister Co en ik, dat vond ik niet meer dan schappelijk. Met tegenzin gingen ze akkoord. Ik hield m'n hart vast of ze zich echt aan de afspraak zouden houden. In januari kregen we nog geld, in februari ook, toen hield het op. In maart niks, april niks, mei niks. Toen heb ik via mr. Eric Vilé een advocatenkantoor in Tokio in de arm genomen en ze gesommeerd het resterende bedrag te betalen.'

Wanneer Oita volhardt in stilzwijgen, grijpt Van der Lem naar een paardenmiddel. Via Michael van Praag die een kennis heeft in de strafcommissie van de FIFA, wordt wederom zware druk uitgeoefend op de Japanse tweedeklasser om tot betaling over te gaan. 'Die man van de FIFA heeft een brief gestuurd naar Oita, dat meneer Van der Lem over een rechtsgeldig tweejarig contract beschikte, dat hij een schappelijk voorstel had gedaan en dat als de FIFA zich er serieus over zou buigen hij niet het salaris over één jaar, maar het volle pond betaald zou krijgen. Ze hadden de keus: of de zaak in orde maken of een FIFA-procedure voor de kiezen krijgen. Toen kozen ze eieren voor hun geld en werd het heel snel in orde gemaakt.'

Hoofdstuk 38

De prins uit Saoedi-Arabië

Het is zomer 2002. De trainer zit na het onverkwikkelijke avontuur in Japan alweer een halfjaar werkloos thuis in Nieuw-Vennep. De banen liggen niet voor het oprapen. Het Nederlandse voetbal staat er, na het missen van het WK in Zuid-Korea en Japan, niet heel goed op. Enkel Guus Hiddink steelt de show wanneer hij met Zuid-Korea de halve finale haalt van het WK. En dan gaat de telefoon in huize Van der Lem en meldt Leo Beenhakker zich, de technisch directeur van Ajax. '"Hé, ouwe pik, wel aan het werk blijven, hoor," zei hij. "Je bent veel te jong om al achter de geraniums te gaan zitten." Toen ik uitgelachen was, bleek Don Leo een baantje voor me te hebben. Hij had het met hoofdtrainer Ronald Koeman overlegd, of ik Ajax 2 wilde gaan trainen en coachen. Nou, dat wilde ik wel. Ik vond het op een bepaalde manier wel grappig om terug te keren bij Ajax. Het elftal bestond uit een kern van een speler of twaalf, onder wie Wesley Sneijder, Nigel de Jong, Stefano Seedorf, Michael

Krohn-Dehli en keeper Robert Zwinkels. Dat was een leuk groepie bij elkaar. Het werd wekelijks aangevuld met spelers uit het eerste of uit de jeugd.'

Het hoogtepunt van zijn korte periode bij Ajax 2 vormt een bekerduel met zijn oude werkgever AZ, getraind door zijn opvolger Henk van Stee. 'Die was er duidelijk niet gerust op, en dat was terecht. Stefano Seedorf scoorde twee keer. In de slotfase stond AZ op instorten, toen hadden we ze de genadeklap kunnen uitdelen. Het werd uiteindelijk 2-2. Het was nog niet in de knock-outfase, beide ploegen gingen door.'

Het seizoen is nog amper begonnen of een nieuwe potentiële werkgever toont interesse uit onverwachte hoek. 'Ik kreeg een belletje uit het Midden-Oosten. Of ik er wat voor voelde om bondscoach van Saoedi-Arabië te worden. Een van de prinsen van het Saoedische koningshuis was in Parijs, of ik zin had om met hem in gesprek te gaan. Hij zou me later nog bellen. Die prins belde inderdaad, ik had 'm op de speaker staan in de auto. Margot dacht dat het aan de slechte lijn lag, maar het lag aan de prins zelf: die stotterde. Maar ik ben toch naar Parijs gevlogen om te horen wat hij te vertellen had. Ik werd keurig opgehaald van het vliegveld en naar een restaurantje gebracht dat verder helemaal leeg was. Voor de deur stonden twee lijfwachten, binnen zat de prins. Waarschijnlijk om mij te imponeren had hij het hele eettentje afgehuurd, buiten ons zat er niemand te eten. Ik gaf meteen aan dat ik niet stond te springen om weg te gaan bij Ajax. Ik had ook dat vreemde avontuur in Japan nog in gedachten. Bij Ajax zat ik goed, met Leo Beenhakker en Ronald Koeman in de buurt. Ik vroeg me ook af hoe ze bij mij terecht waren gekomen: er liepen meer coaches rond in de wereld, toch? Het bleek dat ik vanuit Barcelona was aanbevolen door een chauffeur van het hotel Rey Juan Carlos die ik ooit aan dat baantje had geholpen. Hij reed prins Turki af en toe door Barcelona, en toen-ie aan hem vroeg of hij nog iemand wist voor de baan van bondscoach, aarzelde de chauffeur geen seconde en liet mijn naam vallen. "Laten we het een *calculated risk* noemen," zei de prins tegen mij. Tja, wat moest ik hier nou mee? Het is natuurlijk best raar dat een aanbeveling van een taxichauffeur leidt tot een baan als bondscoach. Aan de andere kant stonden wel de namen Ajax en Barcelona op mijn cv, dat telt toch. En ze zaten aardig omhoog. Het Saoedische nationale team zat een beetje in het slop, op het WK van 2002 waren ze in de poule kansloos laatste geworden, onder andere na een 8-0-nederlaag tegen Duitsland. Ik moest de boel weer wat opkalefateren.'

Gaandeweg het gesprek wordt Van der Lem iets enthousiaster, ook wanneer hij toestemming krijgt zijn eigen trainersstaf te formeren. 'Ik kreeg een bepaald budget, daarbinnen mocht ik doen wat ik wilde. Dus toen ik voorstelde om Jan Nederburgh, Martin Koopman en Co Jager mee te nemen, had de prins geen bezwaar. Hij wilde wel de cv's van de heren zien, maar verder was het prima. Met Co functioneerde ik goed bij AZ, in Jan zag ik een ideale keeperstrainer en toen ik een interview op de radio hoorde met Martin waarin hij heel zinnige dingen zei, wilde ik hem ook graag hierin betrekken. Dat hij tevens over een A-diploma beschikte en sigaren rookte, was mooi meegenomen. Alle drie waren ze in voor dit avontuur. Na een belletje met Beenhakker, die ook vond dat ik dit aanbod niet kon laten lopen, ben ik akkoord gegaan. Don Leo probeerde er nog een afkoopsom uit te peuren, maar toen ik zei dat ik in de persoon van John van 't Schip een opvolger zou regelen voor Ajax 2, deed hij verder niet moeilijk. Ik tekende voor vier jaar. Het contract liep van september 2002 tot en met het WK van 2006 in Duitsland.'

En daar staan ze dan medio september, op het vliegveld van Riyad, de hoofdstad van Saoedi-Arabië. Klaar voor een nieuw avontuur op onbekend terrein. 'Je probeert je vooraf natuurlijk wel een voorstelling te maken van wat je kan verwachten, maar in de praktijk is het natuurlijk allemaal anders. Het was een splinternieuw, intrigerend boek voor ons en we sloegen het pagina voor pagina open. Het eerste dat me opviel, waren de lange rijen voor de douane met arbeiders uit Oost-Azië die ook net aangekomen waren en maar mondjesmaat werden toegelaten. Wij mochten aan de zijkant meteen doorlopen. Alles verliep gladjes, totdat de politie met een koffer aan kwam zeulen. Die bleek van Martin Koopman te zijn. Daar zat iets in wat niet klopte. Hij moest hem openmaken, waarna een zakje rumbonen en een *Playboy* in beslag werden genomen.'

De eerste weken zijn niet de vrolijkste in het leven van een beginnend bondscoach. Verblijven in een saai zakenhotel, geen alcohol, nog niet het summierste contact met vrouwen en tot overmaat van ramp ook nog een vijandige houding van de media. 'Een van onze opdrachten was om het elftal te verjongen. Er liepen een spits en een keeper rond die richting de veertig liepen, die waren ontzettend populair, ook bij de pers, ja, en die moest ik dus vertellen dat ze niet meer nodig waren. Ik heb ze allebei uitgenodigd op het bondsbureau en de situatie uitgelegd. Dat ik enorm veel respect had voor hun carrières, maar dat het nu tijd werd voor een nieuwe lichting. Schoorvoetend stemden ze ermee in en legden dat later ook uit in de kranten. Dat was weer een zorg minder. De angel was eruit.'

Integreren in het dagelijkse leven van Riyad verloopt een stuk minder soepel. 'In restaurants aten we in de mannensectie, dat was verboden terrein voor vrouwen. Die zaten totaal verpakt in de familiesectie. Sommigen hadden een boerka aan, met een klepje voor hun mond. Dat moest tijdens het eten telkens open en dicht, wat een gedoe. We reden een keer naar zo'n immens winkelcentrum, waar we in de rij van de McDonald's gingen staan voor een Big Mac. En een tumult ineens, krijsende vrouwen, dat werk. De religieuze politie, de *mutawa*, werd er zelfs bij geroepen. Die kwamen gelijk met opgeheven stokken aangerend. Moesten we uitleggen wat er aan de hand was. "Die vrouwen begonnen opeens te schreeuwen, geen idee waarom," vertelde ik. Wat bleek? We stonden in de vrouwenrij. Die voor de mannen was verderop. Zo'n maatschappij waarin de mannen gescheiden leven van de vrouwen, ik vond het helemaal niks. Zo saai ook. En dan wilden ze bij de bond ook nog dat we een openbare terechtstelling zouden bijwonen op het centrale plein in Riyad. Eerst zou er bij iemand een hand worden afgehakt, vanwege diefstal, daarna zou er een moordenaar worden onthoofd. We hebben vriendelijk bedankt voor de eer.'

Liever concentreert het viertal zich op het voetbalgedeelte. De bond heeft voor het gemak een groep van dertig man geselecteerd die eventueel in aanmerking kunnen komen voor het nationale elftal. 'Op een dag kwamen ze allemaal bijeen op het bondsbureau. Het was een vrij ongemakkelijke meeting, niemand durfde me aan te kijken, ze keken allemaal weg. In een toespraakje heb ik aangegeven dat ze niet bang voor me hoefde te zijn, toen brak het ijs enigszins. Na twee weken vlogen ze weer uit over het land, toen hebben we ook de belangrijkste clubs in kaart gebracht. We vlogen naar Djedda, de tweede stad van het land, en naar Dammam, dat aan de Perzische Golf ligt, keken rond bij clubs als Al-Hilal, Al-Ahli, Al-Shabab, Al-Ittihad en Al-Nasr. Uiteindelijk kwamen we uit op een kern van twintig spelers, en hadden we eigenlijk maar één probleem: we hadden geen bruikbare spits, omdat alle spitsen daar buitenlanders waren, voornamelijk uit Zuid-Amerika. Gelukkig wist de prins raad, die duikelde een spits op bij Al-Qadsiah in de tweede divisie, Yasser Al-Qahtani, 19 jaar oud. Dat kwam voor onze verjongingskuur natuurlijk ook niet slecht uit.

De kranten spraken er schande van, of we niks beters hadden dan een jochie uit de tweede divisie. Dat jochie heeft het later tot 112 interlands geschopt en was in 2007 Aziatisch Voetballer van het Jaar. Naast die gozer hebben we ook nog de spits van Al-Ahli geselecteerd, een type-Van Loen. Een breekijzer is altijd handig, maar deze was wel erg lui. Al met al hadden we de boel aardig op de rails staan. Hier konden we mee verder. Veel mutaties zijn er daarna niet meer geweest.'

Vanaf het moment dat het viertal zijn intrek neemt in het Kingdom City-compound, waar al veel Nederlanders wonen, wordt het leven langzaam iets aangenamer. 'We hadden zo'n Big Brother-huis met voor ieder een slaapkamer met badkamer, en beneden een gezamenlijke tv-kamer, keuken en woonkamer. En aan onze alcoholvrije periode, waar enkel onze levers blij mee waren, kwam ook een einde. Via het illegale circuit konden we een doos met twaalf literflessen Johnnie Walker black label bemachtigen, voor 275 dollar per fles. Dat mixten we dan door de cola. Als we een fles soldaat hadden gemaakt, weekte onze hulp in de huishouding eerst het etiket eraf, waarna hij het verbrandde. Daarna sloeg hij de fles in een theedoek in duizend stukjes. Niets mocht worden herleid naar alcoholgebruik. In de compound hadden we weer contact met vrouwen, die zaten gewoon in bikini langs het zwembad. Echt een verademing weer. Het enige weeffoutje was onze hulp in de huishouding. Martin Koopman hoopte op een ravissante verschijning, dus die schrok wel even van een graatmagere 40-jarige Filipijnse man met nog één tand. Hadden onze vrouwen uitgezocht. Dat hoofd van Martin toen die man onze woning binnenstapte. Onbetaalbaar.'

Hoofdstuk 39

De dood in de ogen

In december 2002 staat het eerste serieuze klusje voor het Nederlandse kwartet voor de deur. Voor de achtste editie van de Arab Nations Cup voor landen uit de Arabische wereld, wordt uitgeweken naar Koeweit. Van titelhouder en WK-deelnemer Saoedi-Arabië wordt het nodige verwacht. Het elftal van Van der Lem voldoet in de poulefase aan de verwachtingen. Soepeltjes wordt afgerekend met Bahrein, Libanon en Syrië. Al voor het laatste pouleduel staat plaatsing voor de halve finale vast: dat verklaart de 2-2 tegen laagvlieger Jemen.

Toch gaat deze Tweede Kerstdag van 2002 op een andere manier de boeken in als Van der Lem zou willen. 'We hadden de wedstrijd geanalyseerd, een beetje vooruitgekeken naar de halve finale tegen Marokko, met een voldaan gevoel viel ik in slaap. Tot ik aan het begin van de nacht opeens wakker werd door een ondragelijke pijn. In de schouders, op m'n borst, in m'n nek. Ik liep naar de badkamer om wat drinken te pakken en opeens, boem, lag ik plat. Hoelang ik daar heb gelegen weet ik niet. Toen ik bijkwam, was de pijn weg. Maar ik was wel ongerust. Dus heb ik Co gevraagd of-ie de dokter kon halen. Toen ik had uitgelegd wat me was overkomen, vond hij het raadzaam om me naar het ziekenhuis te brengen. Ik stribbelde nog wat tegen, want ik voelde me weer goed, maar hij hield voet bij stuk. Dat is uiteindelijk m'n redding geweest.'

Even later staat er een ambulance voor het hotel van de Saoedische ploeg. Twee jonge ziekenbroeders komen met een brancard naar boven. 'Twee jonge gasten met een stretchertje van klapperhout, daar zag ik mezelf niet op liggen. Dus ben ik gewoon met de lift naar beneden gegaan, de ambulance in. Co reed ook mee. Ze wilden steeds een zuurstofmasker op m'n gezicht zetten, maar dat vond ik niet nodig. In het ziekenhuis werd ik aan de apparatuur gelegd, Om me heen werd alleen Arabisch gepraat, niemand sprak Engels.'

Na een kwartiertje ter observatie te hebben gelegen, normaliseert de situatie dermate dat de teamarts en Co afscheid willen nemen, met de toezegging dat ze de volgende ochtend terug zouden komen. 'En toen kwamen de pijnen in alle hevigheid terug. Ik riep nog zoiets als: "Dit gaat fout, jongens." Alles ging draaien, ik zag niks meer, het laatste dat ik hoorde was: *"He's going to zero."* Ik hoorde later dat er op de monitor zo'n streep was verschenen, zoals je dat wel in films ziet. Maar nu was het echt. M'n hart stopte ermee. Toen ik weer bijkwam, was er een hoop tumult om me heen, een verpleger sloeg op m'n borst, ze hadden me zojuist gereanimeerd en ik was er weer. Links in een hoek stond Co te huilen, echt tranen met tuiten. "Wat sta je nou te janken?" vroeg ik. Hij, snotterend: "Als je dan zo nodig aandacht wil, vraag het me dan gewoon." Zelfs hier zagen we de humor nog van in. Maar het was natuurlijk een enorme toestand, er was iets vreselijk mis met me. Ik heb Co gevraagd of hij de volgende ochtend Margot wilde bellen, hij mocht wel vertellen dat ik in het ziekenhuis lag, maar niet dat het zo ernstig was. Nou, daar prikte Margot natuurlijk meteen doorheen.'

Eenmaal op de intensive care gaat het nog tweemaal mis. Na de derde hartstilstand en tweede reanimatie neemt Van der Lem afscheid van iedereen. 'Ik praatte mezelf nog zieker dan ik al was. Doodgaan in Koeweit, wat een treurigheid. Waarom lig ik hier en niet in het Onze Lieve Vrouwen Gasthuis of in de VU? Hoe moeten Margot en de kinderen nu verder? Dat soort gedachten schoten door m'n hoofd. Ik was net vijftig, dat is toch geen leeftijd om dood te gaan? Na m'n vierde hartstilstand was ik niet emotioneel meer, eerder berustend. Ik had me verzoend met de dood, verheugde me op het weerzien met pa en ma en m'n zusje Corrie. Zo ver was ik al heen.'

Maar Van der Lem ziet het de volgende ochtend gewoon weer licht worden. Hij krijgt om zeven uur in de ochtend bezoek van een cardiologe, die via een incisie in de keel een provisorische pacemaker aanbrengt in het gebutste lichaam van de trainer dat aanvoelt alsof een man of twintig het met knuppels heeft bewerkt. 'Ik was helemaal beurs, van buiten en van binnen, maar ik had het leven nog. En ik hoorde dat Margot inmiddels onderweg was naar Koeweit. Bij CNN hadden ze een bericht de wereld in geslingerd dat ik zou zijn overleden aan een hartstilstand, dus de schrik zat er stevig in. Maar toen ze me levend aantrof op de intensive care was ze zo blij dat ze gelijk over iets anders begon. "Wat hebben ze met je haar gedaan?" vroeg ze. Een dag eerder waren we in Koeweit-Stad naar de barbier gegaan. Ik vroeg of het een klein beetje korter kon, hield m'n vingers vlak bij elkaar. Maar de kapper interpreteerde dat verkeerd, die greep gelijk naar de tondeuse om m'n haar te millimeteren. Voordat ik kon ingrijpen was er al een flinke bulk vanaf, ik had alleen nog een lok op m'n voorhoofd hangen. "Als je er een snorretje bij laat groeien, ben je net Hitler," zei Jan Nederburgh. Vandaar dat mijn vrouw vooral schrok van mijn haar, niet eens zozeer van mijn fysieke toestand. Haha, daar heb je dan vier hartstilstanden voor overleefd.'

Enkele dagen later wordt het nog drukker in de verpleegzaal, wanneer de spelersgroep met een contingent prinsen in hun gevolg de beker komt showen die eerder die dag veroverd is ten koste van Bahrein. 'Ik heb de foto's nog die later in de kranten verschenen. Ik zielig op de achtergrond met m'n Hitler-kapsel en al die prinsen goede sier maken met de beker. Margot trok het helemaal niet. Ze zagen haar niet staan, waren alleen maar met elkaar bezig. Wat haar betrof, was het Saoedische avontuur diezelfde dag nog geëindigd. Er stond op een gegeven moment zelfs een camerateam aan m'n bed, ik kon alleen nog met m'n hand zwaaien dat ze moesten opsodemieteren.'

Een kleine week na de bijna-doodervaring wordt Van der Lem binnenstebuiten gekeerd, maar het hart blijkt in prima conditie. 'Ze konden niks ontdekken wat dit verklaarde. Er waren geen vernauwingen, het hart klopte krachtig, het was zelfs aan mijn puike hartconditie te danken dat ik die eerste aanval in de hotelkamer op eigen kracht heb overleefd. Ze kwamen tot de conclusie dat het een streptokokkeninfectie moet zijn geweest. Als die op je ogen slaat, ben je blind, als die op je hart slaat, kan een gezond mens doodgaan. Ze hebben voor de zekerheid en meer ter geruststelling nog wel een pacemaker ingebracht. Die zit er nu nog, maar die hoefde in al die jaren nooit in actie te komen.'

Van der Lem wacht nog één emotioneel moment in de nasleep van zijn ontmoeting met de dood. Het weerzien met de kinderen op Schiphol, begin januari 2003. 'Ik had niet verwacht ze ooit nog te zien en als je ze dan in je armen sluit... dan weet je hoe rijk je bent, wat een voorrecht het is om kinderen te hebben en er zoveel van te houden. Ik ben ook in Nederland nog even door de medische molen gegaan bij cardioloog Otto Kamp, maar ook hier werd het sein op groen gezet. Dus ben ik in februari weer teruggegaan naar Saoedi-Arabië, waar de arts van het koninklijk huis nog verscheidene testen heeft uitgevoerd. Maar ook daar kwam niets verontrustends uit. Ik voelde me weer zo gezond als een vis.'

Hoofdstuk 40

Griottenfabriek

Om de blik te verruimen en om het aangename met het nuttige te verenigen, belegt de bondscoach van Saoedi-Arabië ook een trainingskamp in eigen land. In de zomer van 2003 vliegt het gezelschap naar Nederland waar het complete Victoria-hotel in Hoenderloo wordt afgehuurd – de prinsen nemen geen halve maatregelen. Het aanpalende voetbalveld ligt er prima bij, net als de inpandige kegelbaan. De Saoedi's genieten van hun onderkomen op de Veluwe, waar ook het Nederlands elftal vaak vertoeft in voorbereidingen op grote toernooien. 'We trainden twee keer per dag, speelden drie oefenduels, het was heerlijk weer, alles was groen. Hun tolk kwam op een gegeven moment naar me toe. "Ze vinden het zo indrukwekkend hier. Ze denken dat het paradijs er ook zo uit zal zien." Dat heb ik maar als een compliment opgevat.'

De opwinding is ook groot onderweg naar Amsterdam, waar Van der Lem en een paar spelers op zoek gaan naar een moskee voor het vrijdagse gebed. 'We reden de A1 af en in de auto stegen kreetjes van verrukking op. Wat bleek: ze zagen overal langs de weg koeien en schapen los in de wei staan. In Saoedi-Arabië zou dat onmogelijk zijn, dan worden die beesten gelijk gekeeld met een kromzwaard. Daar heb je alleen maar van die massale farms op afgesloten plekken. Dit vonden ze ongelooflijk.'

Breeduit gelachen wordt er ook tijdens het trainingskamp, met dank aan Van der Lem die alle spelers in de maanden voorafgaand aan de trip naar de tandarts stuurt. 'Het kon echt niet meer, die gebitten. Het leken wel griottenfabrieken. Ik miste ook regelmatig spelers die weer last van ontstekingen hadden en daarom niet mochten vliegen. Het werd steeds gekker. Dus moesten ze van mij verplicht naar de tandarts. Je zag die gebitten daarna opknappen. Dus toen we in Amsterdam op een rondvaartboot over de grachten voeren, lachten ze voluit naar de meisjes die langs het water zaten met hun bungelende benen. Ze lieten ook steeds hun tanden aan me zien. "Kijk, coach!" Zo blij waren ze met hun nieuwe look.'

Hoofdstuk 41

Ontsnapt aan een aanslag

Maar eenmaal terug in Riyad valt er weinig meer te lachen. In de nasleep van 9/11 is terreurbeweging Al Qaida ook actief in Saoedi-Arabië, waarbij vooral buitenlanders het moeten ontgelden. 'Ze hadden het gemunt op Engelsen en Amerikanen, maar daar konden wij natuurlijk ook voor doorgaan. Geregeld werd de stad opgeschrikt door moordpartijen op westerlingen, het was echt niet veilig meer. Omdat er veel mensen werden doodgeschoten vanuit rijdende auto's, golden er in het verkeer speciale regels. Alleen als je als eerste bij een stoplicht kwam, mocht je stoppen, want dan kon je altijd nog wegrijden. Anders moest je kruipend aan komen rijden. En altijd in de binnenbaan, dan kon je nog de andere weghelft op.'

Lange tijd is er geen vuiltje aan de lucht, maar de avond na een interland tegen Indonesië, in oktober 2003, gaat het fout. 'We hadden een weekje vrij en zouden die nacht om één uur naar Zürich vliegen en van daaruit door naar Amsterdam. Ik reed na de wedstrijd in m'n groene kostuum nog even naar een bank om geld op te halen. Op een gegeven moment sta ik bij een stoplicht met een paar honderd meter voor me een roadblock, zo'n controlepunt met betonblokken van de politie. Naast me staat een auto die linksaf wil. Ik kijk de bestuurder even aan, knik even, maar die geeft geen sjoege. Even later kijk ik nog eens, en zie van tussen de stoelen z'n hand tevoorschijn komen – met een pistool erin. Die zie ik op me gericht worden, waarna ik wegstuif, recht op die roadblock af. Die gasten daar ontgrendelden ook meteen hun wapen, maar gelukkig zagen ze op tijd dat hun bondscoach achter het stuur zat. Ik schreeuwde gelijk dat er iemand op me probeerde te schieten. Ze zijn meteen achter die man aangegaan. Ze vroegen hoe hij eruitzag, maar dat wist ik niet meer. Het type pistool wist ik wel. Die brownings heb ik vroeger tijdens militaire dienst schoon moeten houden.'

De bond biedt de bondscoach persoonsbeveiliging aan, maar daar gaat Van der Lem niet op in. 'Dan heb je geen leven meer, ga je juist opvallen. Wel kwam er extra bewaking bij onze compound, een legereenheid streek er neer, met een heuse tank. Er was sprake van dat we met onze nationale ploeg zouden uitwijken naar Dubai, maar daar is het niet van gekomen. Wel gingen we in die periode op trainingskamp in het zuiden van het land. Daar konden we in de luwte even bijkomen van de hectiek. We streken neer in Abha, vlak bij de grens met Jemen. Een van onze spelers kwam daar vandaan, die behoorde tot de lokale stam. Die had me al gezegd dat het er elke dag regende, maar dat weigerde ik te geloven. Ik had er nog geen druppel gezien, soms steeg het kwik tot boven de 45 graden. Kon je binnen twee minuten je overhemd uitwringen. Dus regen: no way. "Wacht maar af, coach," zei hij. En verdomd, stipt om vier uur barstte er toch een bui los, en precies om zes uur werd het weer droog. Daarna konden we trainen. En zo ging het elke dag. Het was er ook enorm groen. Na zo'n bui was het een graadje of achttien, heerlijk. Daar leefden ook luipaarden en mandrils, die apen in oorlogskleuren. Die konden daar goed aarden.'

Schapen hebben ze er ook, merkt Van der Lem wanneer de plaatselijke stam een feestmaal aanricht ter ere van de komst van het nationaal elftal. Op grote schalen worden speciaal geprepareerde schapen binnengebracht, met de ingewanden erbovenop gedrapeerd. 'Terwijl de spelers enthousiast aan die schapen begonnen te trekken, zagen wij alleen maar die darmen. "Geen trek, coach?" vroeg er iemand. "Neuh, niet zo," antwoordde ik. "Is er ook een broodje?"'

Ook bij terugkeer uit Abha blijft de situatie brisant, om de haverklap wordt Riyad opgeschrikt door bomaanslagen. 'Op een dag waren we op een Amerikaanse compound, waar we wat spulletjes kochten van een kunstenares. Een dag later zaten we 's avonds op de bank tv te kijken en we hoorden toch een knal. De ramen trilden in de sponningen. Ik rende naar buiten, maar er was niks te zien. Even later *breaking news* op CNN: er was een aanslag geweest op een Amerikaanse compound, precies de plek waar wij een dag eerder waren. Een groepje terroristen probeerde binnen te komen, doodde twee van de drie bewakers, maar de derde kon nog net de stalen deur sluiten, voordat hij ook werd doodgeschoten. Toen hebben ze zichzelf opgeblazen in een busje vol met explosieven. De ravage was enorm. De volgende dag bracht ik Margot naar het vliegtuig; het was één grote chaos op de luchthaven. Overal gewonde mensen die terug wilden naar huis. Ik was ook blij dat Margot weer naar Nederland vloog, Riyad was niet veilig meer. Vlak na die bomaanslag gingen we ergens in Riyad een hapje eten met de groep. We zaten nauwelijks in het restaurant of er stoven een paar politieauto's de stoep op met gillende sirenes. Was er vlak naast ons restaurant een Duitser doodgeschoten die met zijn zoon de internationale boekhandel uit kwam lopen. Het kwam allemaal wel erg dichtbij.'

De Hollandse enclave vraagt zich serieus af of het niet tijd wordt om definitief terug te keren naar huis. 'We hadden allemaal een gezin, het werd steeds lastiger om die verantwoordelijkheid te dragen, ons thuisfront zag ons ook liever naar huis komen. Prins Turki vond dat we niet zo moesten overdrijven, hij moest ook met die dreiging dealen. Maar hij had makkelijk praten, er werden alleen maar buitenlanders afgeknald. Dat liet ik hem ook duidelijk weten. Daar was-ie niet zo van gediend, zoals ze daar natuurlijk helemaal niet gewend zijn aan kritiek. Kijk maar hoe het is afgelopen met die Saoedische journalist Khashoggi, oktober vorig jaar.'

Hoofdstuk 42

Exit in China

Ook op sportief gebied maakt Van der Lem zich niet populair bij het allerhoogste gezag. Zo dringt hij er bij de koning himself op aan om de datum van de bekerfinale van 2004 tussen Al- Hilal en Al-Ittihad te verzetten. 'Half juli begon de Asian Cup in China waar we geacht werden een goed figuur te slaan. In de voorbereiding zouden we twee weken naar Maleisië gaan en nu was die bekerfinale vastgesteld op de avond dat we daarheen zouden vliegen. Ze hadden nog net tijd voor een huldiging, daarna zouden de internationals van beide teams in vliegende vaart worden afgezet op de luchthaven. Gekkenwerk, natuurlijk. Ik had dat keurig verwoord in een brief aan de koning, dat het wellicht beter zou zijn om die finale eerder te spelen. Ik kende ook de rivaliteit tussen Al-Hilal uit de hoofdstad en Al-Ittihad uit tweede stad Djedda enigszins; je kon het een beetje vergelijken met Ajax-Feyenoord. Die brief werd natuurlijk opgevat als indirecte kritiek op de koning; heb er ook nooit antwoord op gehad. Die bekerfinale ging gewoon door op de geplande dag, en vanaf dat moment stond ik er niet meer zo goed op.'

Wat Van der Lem vreest, komt uit. De finale tussen Al-Ittihad en Al-Hilal in een afgeladen Koning Fahdstadion ontaardt in een veldslag, waar ledematen vaak voor de bal worden aangezien. 'Het was één grote slachtpartij. Om de haverklap werden er spelers afgevoerd en weer opgelapt. Ik hield m'n hart vast voor onze internationals, er liepen er een stuk of tien van ons rond. Nou, dat was tegen het einde geen lopen meer, maar strompelen. Het leek *MASH* wel. En dat moest allemaal met mij diezelfde nacht nog mee in een vliegtuig naar Maleisië. Alleen maar ter meerdere eer en glorie van het koningshuis. Ik had er een naar gevoel over toen ik in dat vliegtuig stapte, een soort alternatieve gipsvlucht.'

Alle verloven van medisch personeel worden ingetrokken om de gebutste internationals weer enigszins toonbaar te krijgen. Maar hoe goed de artsen, fysiotherapeuten en andere verzorgers hun best ook doen bij het lapwerk, bij aankomst in Maleisië is een vijftal basisspelers niet in staat om een groot toernooi als de Asian Cup af te werken. Van der Lem voelt de bui al hangen. 'Dat betekende dat we moesten terugvallen op een groep internationals met een veel minder niveau, onder wie een onervaren doelman van achttien. Dat zooitje ongeregeld moest ik dus in twee weken klaarstomen voor een groot toernooi.'

Wanneer op 18 juli 2004 zijn met plakband aan elkaar hangende elftal in Chengdu aan de start staat van de Asian Cup tegen het onaanzienlijke Turkmenistan, is Van der Lem er dus niet gerust op. Ruim een maand eerder wordt dezelfde tegenstander in het kader van de WK-kwalificatie nog eenvoudig met 3-0 verslagen, maar van het basisteam van toen zijn nu nog maar vier pionnen beschikbaar. Wanneer Turkmenistan al na vier minuten op voorsprong komt via Bayramov, lijkt een blamage zich te gaan aftekenen. Een productieve bui van tweededivisiespits Al-Qahtani die twee keer scoort, voorkomt erger. Tot Kuliyev in de slotminuut de 2-2 aantekent, dan zijn de rapen gaar. Het goed vertegenwoordigende koningshuis schudt op de eretribune van het Shengdu Longquanyi-stadion demonstratief het hoofd. De dagen van Van der Lem zijn geteld.

Vier dagen later probeert Van der Lem tegen Oezbekistan het tij nog te keren door een andere keeper op te stellen en zijn basisteam op zes plekken te wijzigen, maar het leidt allemaal tot niks. Een tegengoal in de dertiende minuut komt het team niet meer te boven. Van der Lem kan enkel de boel nog redden door in het laatste groepsduel van Irak te winnen, een van de betere landen uit de regio. 'Arie Haan was destijds bondscoach van China. Die kwam ook nog even langs, omdat de winnaar in de kwartfinale tegen zijn elftal moest. Toen het vlak voor tijd nog 1-1 stond, stuurde ik het hele elftal naar voren. We kregen nog een levensgrote kans, maar de bal stuiterde op de paal. In de tegenaanval scoorden zij de 2-1. En toen was het klaar.'

Het gezichtsverlies door de vroege en onverwachte uitschakeling is meer dan het Saoedische koningshuis kan verdragen. Openbare executie, het verminken van een lichaamsdeel of een serie stokslagen gaat ze in dit geval net iets te ver, maar bij terugkomst in het spelershotel komt kroonprins Nawaf vertellen dat Van der Lems 29ste interland tevens zijn laatste is. 'Ik had er een voorgevoel van, al voordat het toernooi begon. De pers begon zich er ook mee te bemoeien, en die stond natuurlijk in dienst van het koninklijk huis. Ik had duidelijk aangegeven dat we met een gehavend elftal zouden aantreden, somde de afvallers op die vervangen moesten worden door tweede keus. Maar daar namen ze geen genoegen mee. Waar ze het vandaan haalden, weet ik niet, maar de media vonden dat Saoedi-Arabië genoeg goede spelers had. Dat we de golf aan blessures makkelijk op konden vangen. Dat sloeg natuurlijk nergens op. Maar ze moesten wát. Zo werd ons ontslag voorgekookt. Natuurlijk had ik het graag volgehouden tot en met het WK van 2006, dat was het doel. We waren ongeslagen in de kwalificatie, ook onder mij hadden we ons geplaatst voor Duitsland. Maar het was ook wel fijn om dat land achter ons te laten, na alles wat er was gebeurd. Mijn ontmoeting met de dood, de aanslagen, het moeilijke gedoe in het dagelijkse leven; we waren er ook wel een beetje klaar mee. We kregen nog een halfjaar salaris mee in dollars, dat hebben we cash meegenomen in een sporttas. Ik moest nog even achter het deel voor Jan Nederburgh aan, die was vanwege de ernstige ziekte van zijn vrouw niet meegereisd naar China, maar ook dat geld kregen we vlak voor vertrek mee per envelop. "Als ik in slaap val, let jij dan op die tas met geld?" vroeg ik aan Co Jager in het vliegtuig. "Ik lig er bovenop," kreeg ik als antwoord. Ontslagen worden is nooit leuk, maar we waren allemaal ook wel opgelucht dat we weer naar huis konden. Eenmaal thuis ben ik meteen naar Jan gereden, hij was dolgelukkig met het geld. Niet veel later is zijn vrouw overleden.'

Hoofdstuk 43

Weerzien met Blind

De tweede helft van 2004 gebruikt Van der Lem om op adem te komen van zijn buitenlandse avonturen. Eerst het spookcontract in Japan, daarna de dramatische taferelen in Saoedi-Arabië die hem bijna het leven kosten, en aan het einde zijn baan; het is allemaal niet onopgemerkt gebleven. Het is tijd om het even rustig aan te doen, te genieten van zijn gezin. Maar begin 2005 is hij het stilzitten beu en is hij klaar voor een nieuwe uitdaging. Dat treft. Danny Blind aan de lijn, half maart. Blind is zojuist benoemd tot hoofdtrainer van Ajax nadat Ronald Koeman er de brui aan heeft gegeven, murw gebeukt door de gevechten met technisch directeur Louis van Gaal die al eerder is opgestapt. Wanneer Ajax op 24 februari roemloos uit de UEFA Cup wordt gekegeld door Auxerre, kan hij 'niet meer de energie en kracht opbrengen om hier overheen te stappen en de groep beter te laten presteren', zo laat Koeman een dag na het echec weten. Algemeen directeur Arie van Eijden schakelt razendsnel, steekt zijn licht op bij

Johan Cruijff en schuift half maart uit eigen gelederen Danny Blind naar voren, tot dat moment hoofd jeugdopleiding en trainer van de A1. 'Danny zag in mij een van zijn assistenten, naast Ruud Krol en Fred Grim. We gingen natuurlijk een eind terug, Danny en ik. Niet alleen toen hij aanvoerder was van Ajax in de jaren negentig, ik zie hem ook nog zo zitten in de kleedkamer van Sparta als een bleue jongen van achttien. Wanneer hij inviel werd zijn premie verdubbeld; dus ik gaf hem altijd een seintje zo tegen het einde van de wedstrijd dat hij kon gaan warmlopen. Tien minuten voor tijd botste ik dan zogenaamd tegen een speler op, zo erg dat ik niet meer verder kon. En dan was Danny de enige die op dat moment warm genoeg was om in te vallen. De enige die me doorhad, was penningmeester Floor Bouwer; maar wat kon hij eraan doen? Danny was me er dankbaar voor, zoals ik nu niet lang na hoefde te denken om ja te zeggen tegen zijn voorstel. Natuurlijk, ik was weer assistent, maar wel bij mijn grote liefde Ajax, waar ik nu voor de vierde keer aan een karwei begon. Die club blijft de rode draad in m'n leven. Met volle overtuiging tekende ik een contract voor tweeënhalf jaar.'

De vuurdoop voor de nieuwe technische staf verloopt desastreus. Na een indrukwekkend eerbetoon aan de eerder die maand overleden Rinus Michels blijkt tegenstander PSV al even imposant. Ajax komt er in de eigen Arena nauwelijks aan te pas, staat de in de hoofdstad niet al te populaire Mark van Bommel een hattrick toe, en verliest uiteindelijk met 4-0 van de superieure aanstaande kampioen. Mochten er nog titelaspiraties leven bij de Amsterdammers, dan kan daar nu een groot kruis doorheen. 'Maar we zaten nog wel in de KNVB-beker en konden ons via de tweede plek in de eredivisie nog plaatsen voor de Champions League. We hadden een hoop jonge, talentvolle spelers in de groep, zoals Rafael van der Vaart, Wesley Sneijder, John Heitinga, Nigel de Jong, Ryan Babel, Urby Emanuelson en Hedwiges Maduro. Maarten Stekelenburg kwam er ook aan. Een hoop talent, maar het moest nog wel rijpen.'

De weg naar de finale van de KNVB-beker wordt verrassend versperd door Willem II (1-0). Het lukt Ajax wel om beslag te leggen op de tweede plaats, goed voor een plek in de laatste kwalificatieronde van de Champions League. 'Dat succesje hadden we hard nodig, want de prestaties waren niet om over naar huis te schrijven.'

Een seizoen later gaat Ajax voortvarend van start, met name in het kampioenenbal, waar over de rug van het Deense Brøndby de poulefase van de Champions League wordt bereikt. En met tegenstanders als Sparta Praag en FC Thun, naast favoriet Arsenal, gloort er zelfs overwintering in de Champions League. Gelijktijdig zijn er wat personele wisselingen binnen het bestuur die niet allemaal met evenveel enthousiasme worden begroet door Van der Lem. 'John Jaakke bleef voorzitter, een man totaal gespeend van voetbalkennis, maar dat hoef je van een voorzitter ook niet direct te verwachten. Je hebt ook iemand nodig die speecht bij begrafenissen of Sinterklaas speelt. Op 1 december stopte algemeen directeur Arie van Eijden ermee, dat vond ik persoonlijk wel jammer. Ervoor in de plaats kwam een oude man met een brilletje, van wie ik de naam vergeten ben. Had totaal geen affiniteit met voetbal. Hoe zeg je? O ja, Maarten Fontein. Het feit dat ik z'n naam niet meer weet, zegt al genoeg. Die haalde gelijk Piet Keizer weg bij de scouting en benoemde hem tot zijn persoonlijk adviseur. Hoe kom je erop?'

Hoofdstuk 44

Oorlog met Van Geel

De naam van de nieuwe technisch directeur is Van der Lem niet vergeten. Medio 2005 stapt Martin van Geel over van AZ naar Ajax, wat hem bij zijn oude vereniging op een stadionverbod komt te staan. 'Dat was niet bepaald een supertrio: Jaakke, Fontein en Van Geel. Negeren, hield ik mezelf voor, negeren. Maar ja, je hebt er toch mee te maken.'

Het optimisme nadat begin augustus de Johan Cruijff Schaal wordt veroverd ten koste van PSV (2-1) verdwijnt al snel wanneer blijkt dat Ajax op nationaal gebied wederom een moeizaam seizoen draait. Aankopen als Juanfran, Markus Rosenberg en Angelos Charisteas renderen niet, belangrijke duels met Feyenoord, PSV en AZ gaan verloren. Wanneer vlak voor het einde van het jaar Heerenveen ook met 4-2 te sterk blijkt, weet Van der Lem wel een oplossing voor het offensieve probleem. Die loopt namelijk in de spits rond, bij de Friezen. 'Ik stelde voor om in de winterstop Klaas-Jan Huntelaar over te hevelen vanuit Friesland. "Ja, maar die kost zeker twaalf miljoen," mauwde Van Geel. "Daar breken we in Europa geen potten mee," vond Keizer. Maar als we Europa wilden halen, moesten we eerst in de eigen competitie wat neerzetten. Huntelaar was goed voor zeker twintig goals, schatte ik zo. En over een paar jaar het dubbele waard. Blind en Krol waren meteen enthousiast en vanuit de scouting kregen we Gerrie Mühren ook mee. Ja, toen kon Van Geel weinig anders dan Huntelaar contracteren. We kregen hem uiteindelijk voor 9 miljoen euro. Toen hij in januari 2009 naar Real Madrid ging, ving Ajax het driedubbele. Ik bedoel maar. En ons bezorgde hij dat seizoen de KNVB-beker door twee keer te scoren in de finale tegen PSV. Dus zo'n beroerde aankoop was het nou ook weer niet.'

Op het moment dat Huntelaar wordt binnengehengeld, zit Ajax trouwens nog in de Champions League. De club blijft FC Thun en Sparta Praag duidelijk voor, houdt Arsenal op Highbury keurig in bedwang (0-0) en moet het vervolgens in de achtste finales opnemen tegen Internazionale. In eigen huis neemt Ajax via goals van Huntelaar en Mauro Rosales brutaalweg de leiding, maar moet uiteindelijk na goals van Dejan Stankovic en ex-Feyenoorder Julio Cruz genoegen nemen met een gelijkspel. Op 14 maart 2006 deelt Stankovic in San Siro na een uur de knock-out uit voor Ajax. Een stunt à la FC Amsterdam ruim dertig jaar eerder zit er niet in. En dan begint het gedonder pas echt. De wrevel die lang onder de oppervlakte is gebleven, borrelt in de nasleep van de uitschakeling flink op. 'Dat begon al op de luchthaven van Milaan. Het bestuur vond het een schande dat we eruit lagen, ze begrepen er helemaal niks van. Ik heb ze eerst nog uitgelegd dat het een wedstrijd was tussen mannen en jongens, dat het echt geen schande was om van Inter te verliezen. 'Jullie moeten juist trots zijn dat we overwinterd hebben in de Champions League,' maakte ik ze duidelijk. 'Andere clubs doen daar een moord voor.' Ik vond hun teksten zo denigrerend naar ons toe. Van Jaakke en Fontein kon ik het plaatsen, die hadden geen verstand van voetbal en liepen lekker te oreren in de rondte, maar van Van Geel had ik toch een ander geluid verwacht.'

Tussen de assistent-trainer en de technisch directeur komt het vanaf dat moment niet meer goed. 'Die man deed zulke rare dingen, die dacht echt dat de club om hem draaide. Vanaf het begin nam ik hem niet serieus; daarmee bracht ik Danny wel af en toe in de problemen. Dan kwam Van Geel bijvoorbeeld de trainerskamer binnen, wees naar Danny en zei: "Woensdag ga je met me mee, kunstgras bekijken." "Hoe bedoel je: ga je mee?" gaf ik hem van repliek. "Heeft Danny daar zelf niks over te beslissen? En trouwens: woensdag is onze vrije dag en daar hebben we er hier al niet zoveel van." Vervolgens stak ik ook nog een tirade af over kunstgras, dat we daar nooit en te nimmer op zouden gaan voetballen en dat we naast het trainingsveld een kunstgrasveld hadden liggen waar nog nooit een elftal op getraind had. Dan droop Van Geel maar weer af, tandenknarsend. Later zei hij ergens datie niks van kunstgras moest hebben, dat noemde hij voortschrijdend inzicht. Ja, tuurlijk. Voortschrijdend inzicht betekent dat je de juiste beslissing op het juiste moment neemt en niet meelift op de publieke opinie.'

Op een dag komt Van Geel briesend de trainerskamer binnen met een opengeklapte *Telegraaf* in z'n handen. 'Er stond een bericht over Wesley Sneijder in, met inside-informatie, een nieuwtje dat binnenskamers moest blijven. Ik weet niet eens meer wat. Dat kon volgens hem alleen maar opgetekend zijn uit de mond van iemand uit de trainersstaf, want van hem hadden ze het niet. "En van jou ook niet, hè, Danny?" Hij probeerde echt een wig tussen ons te drijven. Toen Van Geel weer weg was, vroeg Danny ons op de man af of wij de bron waren van het nieuws, maar zowel Krol, Grim als ik ontkende. Danny zat er echt mee in z'n maag. Ik stelde voor om de sportredactie van *De Telegraaf* te bellen en te vragen naar hun bron. Ze hoefden geen namen te noemen, ze hoefden alleen maar te bevestigen of te ontkennen dat er iemand uit de technische staf zijn mond voorbij had gepraat. Dat vond Danny geen goed idee. "Dan stap ik op," zei ik en pakte m'n spullen. Danny keek me vragend aan. Maar ik was het zat. "We hebben allemaal gezegd dat we er niks mee te maken hebben. Als jij me niet vertrouwt, is er geen basis meer om verder te werken. Aju." Dat werd me nog een tumult in die trainerskamer. Daar was het Van Geel precies om te doen, tweedracht zaaien bij ons. Nou, daar was-ie aardig in geslaagd. Ik kwam thuis en zei tegen Margot dat ik opgestapt was, dat ik vanaf dat moment in de ziektewet zat. Om drie uur ging de telefoon. Danny. Ik nam niet op. Kwart over drie. Danny. Nam weer niet op. En zo ging het om het kwartier. Pas om half zes vond Margot dat ik de telefoon op moest gaan nemen, want: "Misschien heeft hij wel wat belangrijks te zeggen." Dat had hij. Hij had mijn raad toch opgevolgd en iemand van *De Telegraaf* gesproken. Het nieuws kwam niet van ons, maar van de vader van Wesley. Toen vroeg Danny of ik de dag erop alsjeblieft weer terug kon komen; hij was er heel emotioneel over. Een dag later hebben we een goed gesprek gevoerd. Toen heb ik hem ook duidelijk gemaakt dat Ruud Krol en ik er waren om hem te helpen, en dat Van Geel alleen maar bezig was om ons tegen elkaar uit te spelen. Hij was echt een manipulator. En waarom? Geen idee, maar het zegt natuurlijk wel iets over iemand.'

De verhoudingen komen nog meer onder druk te staan zodra Van der Lem bemerkt dat er achter de rug van de technische staf om onderhandelingen worden gevoerd met een nieuwe trainer, terwijl Van Geel naar buiten toe beweert dat dat echt niet het geval is. 'Liegen hoorde blijkbaar ook in z'n pakket. Ik wist al in een vroeg stadium dat hij met andere trainers had gesproken. Sterker, toen Van Geel bij Henk ten Cate de deur achter zich dichtdeed, wist ik het al. Henk is een goede vriend van me, die vond het stijlloos om over onze ruggen trainer te worden. We grapten er nog over dat als hij het zou worden, dat hij mij dan zou aandragen als assistent. "Haha, dan valt Van Geel uit z'n stoel."'

Naast Ten Cate wordt nog een trainer gepolst die Van der

Lem goed kent. 'Via onze gemeenschappelijke fiscalist wist ik dat ook Co Adriaanse in beeld was om Blind op te volgen. Ik kende Co al zo lang; toen ik in 1991 werd aangesteld als assistent van Louis van Gaal, werd hij in mijn plaats hoofd jeugdopleiding. Ik vond het een fijne man, net als Louis altijd rechtdoorzee en eerlijk. Soms begreep ik hem niet helemaal, maar dat had ik met Louis ook weleens. Co had een keer in een interview met *VI* gezegd dat hij geen persoon was die een arm om z'n vrouw heen sloeg, of dat-ie knuffelde met de kinderen. Louis begreep dat wel, die had precies hetzelfde. Ik had gewoon meelij met ze, dat ze blijkbaar geen uitingen van liefde konden geven. Maar dat Co het open en bloot vertelde in een interview, dat ging me veel te ver, begreep ik niks van. Dat heb ik 'm ook wel laten weten. Hou zulke dingen lekker voor je, daar loop je toch niet mee te koop? En wat moet zijn vrouw wel niet denken, al die mensen die haar aan gaan staren en denken van: goh, die vrouw krijgt nooit eens een knuffel of een complimentje. Nou ja, ze waren zo en kwamen er eerlijk voor uit.'

Als Van der Lem de technisch directeur van Ajax confronteert met zijn bevindingen, blijft Van Geel echter glashard ontkennen dat hun banen op de tocht staan en dat er contact is gelegd met potentiële nieuwe trainers. 'Met een stalen gezicht beweerde hij dat er niets van waar was. Maar ja, ik had die kennis wél, en toen moesten we dus nog een maand of drie, vier. Ik heb eerst Piet Bon, de vertrouwensman bij Ajax, gebeld. Aan hem gevraagd of ik die kennis moest delen met Danny, want die wist nog van niks. Piet vond Danny professioneel genoeg om met dit nieuws om te gaan. Dus ik bij Danny naar binnen, keek nog even of Van Geel niet in de buurt was, trok de deur van de trainerskamer dicht en vertelde hem dat Ajax op zoek was naar een nieuwe coach. Dat we aan het eind van het seizoen zouden worden ontslagen. "O," was alles dat Danny zei. Misschien zag hij zelf de bui ook al hangen. Maar we besloten niet zelf de handdoek te werpen, dat plezier gunden we Van Geel niet. We zaten nog in de KNVB-beker en konden ons wederom plaatsen voor de Champions League. We stonden weliswaar een straatlengte achter op de top drie, maar de KNVB had juist dat seizoen een nieuw play-offsysteem ingevoerd voor het tweede Champions League-ticket. Daar zouden de nummers twee tot en met vijf om strijden. Dat kwam goed uit, want wij werden slechts vierde, achter PSV, AZ en Feyenoord. We wonnen wel de KNVB-beker.'

In die periode krijgt Van der Lem ook sms'jes met bemoedigende teksten van algemeen directeur Maarten Fontein. '*'Zet 'm op!'* en *'We zijn één team'*; dat werk. Terwijl ze allang hadden besloten om ons op straat te zetten. Maar het was natuurlijk wel handig dat we onze opvolger een ticket voor de voorronde van de Champions League konden overhandigen. Want dat lukte ons. In de halve finale van de play-offs schakelden we Feyenoord uit, daarna FC Groningen. We werden toegejuicht door de fans, de publieke opinie keerde zich ook tegen het bestuur, maar ze bleven volharden in hun besluit, goede prestaties of niet. Drie dagen na de gewonnen bekerfinale tegen PSV werd ons ontslag wereldkundig gemaakt, drie maanden nadat ik het al had vernomen. Hun voornaamste argument was dat de spelers geen ontwikkeling hadden doorgemaakt. Alsof zij daar verstand van hadden. Alsof later spelers als Van der Vaart, Sneijder, De Jong, Heitinga en Stekelenburg niet belangrijk zijn geweest voor het Nederlandse voetbal. En zo kon ik nog wel wat spelers opnoemen. Gelukkig kwam het uit de monden van Van Geel, Jaakke en Fontein, waarbij de laatste werd gesouffleerd door Piet Keizer. Die personen nam ik toch al niet serieus. Nu bleek waarom.'

Met opgeheven hoofd wandelt Van der Lem de Arena uit. Tot het laatste moment blijft hij zijn club trouw. 'Ja, míjn club. Die liet ik me niet afpakken door een paar passanten. Want normaal gesproken zijn trainers de passanten, maar nu lag het anders. Nu werden clubmensen als Ruud Krol, Danny Blind, Fred Grim en ik bij het grofvuil gezet en mochten de passanten blijven zitten. Van Geel had de macht om ons te ontslaan en daar heeft hij gretig gebruik van gemaakt. Hij vond het heerlijk om ons de Arena uit te sturen. Kon hij zijn eigen trainersstaf formeren. Ik heb me altijd ingehouden voor het clubbelang, maar ik stond destijds te popelen om mijn verhaal te doen. Want jokken is natuurlijk een doodzonde bij een beursgenoteerd bedrijf. Dat heb ik Van Geel ook duidelijk gemaakt bij het afscheid. Als hij een bak met bagger over ons uit zou storten, dan zou ik ook nog wel wat verhaaltjes hebben voor de media. Ik was in die periode echt in staat om Van Geel een klets voor z'n harses te geven, maar nu zeg ik, en ik praat de dalai lama na: je moet ook kunnen loslaten. Dus dat doe ik. Maar ik hoef Van Geel echt nooit meer te zien. Het vervelende is dat die mensen altijd maar weer aan een baantje komen.'

Hoofdstuk 45

Tumult op Cyprus

Gerard van der Lem heeft het wat dat laatste betreft een stuk lastiger. Het seizoen 2006/2007 begint hij thuis op de bank; in de winterstop laat hij zich verleiden tot een Cypriotisch avontuur bij Apollon Limasol. Het wordt een kort oponthoud, want nog voor het einde van het seizoen zit hij alweer thuis. Het clichébeeld van dit soort competities blijkt altijd weer te kloppen: megalomane voorzitters, incompetente bestuursleden, malafide scheidsrechters, omkoopbare spelers – Van der Lem krijgt het hele palet voor de kiezen. 'Het was de eerste club die belde en ik had wel weer zin om ergens aan de slag te gaan. Cyprus is natuurlijk een prachtig eiland, ik zat in een fijn hotelletje en Apollon stond vierde, zonder uitzicht op de landstitel. Niet iets om je heel erg druk over te maken, totdat tijdens een wedstrijd een van onze verdedigers druk bezig was met het veroorzaken van een strafschop. Hij schopte zomaar wat spelers onderuit in de buurt van de penaltystip. De eerste keer gaf de scheids geen krimp, de keer erna kon hij weinig anders dan naar de stip wijzen. Het lag er ook zo dik bovenop. Ik stootte m'n assistent aan, die wist natuurlijk meteen hoe laat het was, maar hij haalde alleen maar z'n schouders op. Naderhand op de persconferentie kreeg ik de vraag of onze nederlaag doorgestoken kaart was. "Ik mag toch hopen van niet," gaf ik als antwoord. "Ik werk me hier een slag in de rondte. Als er wedstrijden verkocht worden, stop ik er subiet mee. Maar misschien weten jullie meer dan ik, want anders stel je die vraag niet." Toen had ik er eigenlijk alweer tabak van.'

De bom barst in de rust van een bekerwedstrijd, wanneer de technisch directeur de kleedkamer in stormt en iedereen de huid vol scheldt. 'Die man ging me toch tekeer tegen die spelers. En dat bij een stand van 0-0. Ik vroeg hem vriendelijk om weer weg te gaan, het was rust, ik wilde ook nog wat tegen mijn spelers zeggen. Hij had niks te zoeken daar. Begon-ie mij uit te schelden. Ja, dat pikte ik niet. *"You, fuck off, now!"* schreeuwde ik. "Ik wil je hier nooit meer zien." En ik gaf hem ook nog een duwtje richting de deur. De spelers vonden het prachtig, de bestuursleden wat minder. Die kwamen een dag later in spoedberaad bijeen, ik moest me tegenover hen verantwoorden voor mijn gedrag. De technisch directeur vond dat ik hem zwaar had beledigd. Maar ik legde het bestuur uit dat ík me juist beledigd voelde, omdat hij zomaar mijn kleedkamer was binnengestormd en mijn spelers begon uit te schelden. "Ik bemoei me niet met jullie zaken, bemoei me ook niet met mij." Nou, dat liep dus volledig uit de hand.

Er was geen houden meer aan. Technisch directeuren liggen me gewoon niet zo. Twee maanden na mijn entree was ik alweer clubloos. Heel erg vond ik het niet. Ik was net voor het eerst opa geworden, het kindje lag nog in de couveuse, ik kon niet wachten om terug naar huis te gaan.'

Hoewel Gerard van der Lem alles in zich heeft om uit te groeien tot een opa van formaat, betekent dat niet dat hij zich onttrekt aan de arbeidsmarkt. In juli 2007 krijgt hij een belletje vanuit het Midden-Oosten, dit keer uit de Verenigde Arabische Emiraten. Of hij weleens van de club Sharjah FC heeft gehoord, uit Dubai. Nee, uiteraard niet, maar hij wil er graag coach van zijn, geen enkel probleem. Als kompaan Co Jager ook mee mag, uiteraard. Anders telt het niet. En daar gaan de twee globetrotters weer, een nieuw avontuur tegemoet. 'In Dubai was het leven wat aangenamer dan in Saoedi-Arabië. Ze deden niet zo spastisch over alcohol en de afstanden in de Emiraten waren wat minder groot. De enige keer dat het een beetje tegenzat, was die keer dat we midden in de woestijn stonden: met panne. De bus had het begeven onderweg naar een wedstrijd tegen Al-Jazira. Daar stond je dan in de kokende hitte. De bus heeft ook nog in brand gestaan, in de verste verte geen water te bekennen, blussen was geen optie. Niemand die zich er druk om maakte, het was de wil van Allah. Co en ik zijn maar een beetje in de schaduw van de uitgebrande bus gaan staan. Later kwam een nieuwe bus ons ophalen. We waren veel te laat, maar het aanvangstijdstip werd gewoon verplaatst. Ach, er zaten toch niet zoveel toeschouwers bij die wedstrijden.'

In zijn staf treft Van der Lem een oude bekende, waar hij ook al bij Apollon mee werkte. Keeperstrainer Amer is twee meter lang, komt uit Irak en heeft mooie verhalen uit de tijd dat hij doelman is van het nationale elftal waar de zoon van Saddam Hoessein met harde hand de scepter over zwaait. 'Als ze een keer hadden verloren, moesten ze op het paleis van Saddam komen. Ging zoon Oedai tekeer met een stok. Iedereen die in zijn ogen niet voldeed, kreeg ervan langs. Tijdens wedstrijden durfde niemand meer initiatief te nemen, want als je de bal verloor, kreeg je slaag. Dus gaf Jantje de bal snel aan Pietje; niemand wilde een fout maken. Toen Amer geblesseerd raakte, was hij blij toe. Hij bleef daarna maar last houden, loog hij, zodat hij niet terug hoefde te keren in het nationale team. Uiteindelijk werd er een andere keeper geselecteerd.'

Vol goede moed beginnen Van der Lem en Jager aan de opdracht om subtopper Sharjah FC een rol van betekenis te laten spelen in de competitie van de Verenigde Arabische Emiraten. 'We begonnen voorspoedig, wonnen de eerste wedstrijd met 2-0 van Al-Nasr en toen lag de competitie opeens twee maanden stil. Ik zei nog tegen Co: "Zo halen we makkelijk de kerst." Eigenlijk hadden we het er prima naar de zin.'

De kerst wordt wel gehaald, het einde van de competitie niet. Een verloren halve finale om de beker wordt het duo fataal. 'We hadden tegen dezelfde tegenstander drie dagen eerder met 1-0 gewonnen. Er was wat gemakzucht binnengeslopen, met name bij onze aanvaller Masoud Shojaei, een Iraanse international. Die heeft ons de kop gekost. Die begon met dribbelen, maar speelde de bal nooit meer af. Die moest na een tweede ook een derde tegenstander voorbij. Toen ik hem naar de kant haalde, begon het publiek te morren. We verloren kansloos met 3-0. Sjeik Ahmed stond onder druk. Hij moest die club doen van zijn vader, hij wist niet zo goed wat hij met de situatie aan moest. Ze stonden aan z'n jurk te sjorren, er was tumult, hij werd er bloednerveus van. Ik had met hem te doen. Er waren nog maar twee duels te gaan. Ik deed hem het voorstel om ons te ontslaan, dan liet hij aan de buitenwacht zien dat hij een daad had gesteld. Dat deed hij dus maar. *"You are the best coach I ever had,"* zei-ie nog. "Ja, maar je hebt me wel ontslagen," riep ik terug. Ach, we hadden een contract voor één seizoen, het maakte niet zoveel uit.'

Hoofdstuk 46

Sjors & Sjimmie in Athene

In 2008 komt een langgekoesterde wens uit: Henk ten Cate en Gerard van der Lem zitten eindelijk bij dezelfde club. Wanneer Ten Cate in de zomer bij Panathinaikos tekent, na een verblijf van acht maanden bij Chelsea, mag hij twee assistenten meenemen. De ene is Mike Snoei, de andere kent hij al sinds z'n kleutertijd. 'Eindelijk werden Sjors en Sjimmie herenigd, en niet bij de minste club. Panathinaikos was een grootmacht in eigen land, zeg maar het Feyenoord van Griekenland, echt een volksclub. Een club die meedeed om de hoofdprijzen. Ze hadden zich het seizoen ervoor geplaatst voor de voorronde van de Champions League. Er was ook wat geld voor aankopen. Gilberto Silva kwam over van Arsenal, van Fluminense werd Gabriel gekocht. Het zag er allemaal best goed uit, zeker toen we ons via Dinamo Tbilisi en Sparta Praag voor de poulefase van de Champions League plaatsten.'

Voor één ding wordt Van der Lem door een kennis wel

gewaarschuwd. 'Als ze van de hoofdtrainer af willen in Griekenland, en dat gebeurt nog weleens, spelen ze dat via de assistent. Als die ontslagen wordt, stapt de hoofdtrainer meestal uit solidariteit ook op, en dat kost de club dan aanmerkelijk minder geld. Dat is hun tactiek om niet de hoofdprijs te hoeven betalen. Dus ik seinde Henk al in: "Als ze zich van jou willen ontdoen, gaan ze mij ontslaan. Dan weet je het alvast. Dan moet jij gewoon blijven zitten." Dus we waren op alles voorbereid.'

Van der Lem kent Athene nog uit de tijd dat Ajax er AEK en Panathinaikos trof, onderweg naar de Champions League-finales van 1995 en 1996. 'Een heetgebakerd volkje. Ik zie me nog zo dat veld van AEK op komen, ons eerste uitduel in 1994. Meestal zitten supporters van de bezoekende club in een zwaarbewaakt vak, zo niet bij AEK. Daar zit de harde kern in een kooi. Toen wij het veld op liepen om de grasmat een beetje te verkennen, brak er een oorverdovend lawaai los. Ik weet nog dat ik naar dat vak toe liep, een sigaartje opstak en van die bezwerende gebaren maakte. Dat vonden onze spelers wel mooi, was het ijs een beetje gebroken. Maar ik kreeg van alles naar m'n hoofd en niet alleen scheldwoorden.'

De plek waar Ajax toen vertoefde, is Van der Lem niet vergeten. Vouliagmeni, een voorstadje van Athene, riant gelegen aan de Egeïsche Zee. 'Daar streek ik nu ook neer. Ik had weinig zin om *downtown* Athene te gaan zitten. Te veel smog, te veel demonstraties ook. De een kwam de ander tegemoet. Als de benzine een kwart cent duurder werd, gingen ze daar al de straat op. Daar werd niet wekelijks gestaakt, maar dagelijks. Dat ze later in een economische crisis belandden, verbaasde me niks. Iedereen wilde op z'n 55ste met pensioen. Alles werd ook onderhands geregeld. Ik had daar een auto gekocht, een BMW X5 met alles erop en eraan. Het duurde normaal gesproken twee weken om de kentekenplaten te regelen. "Maar," zei die dealer, "als je me 100 euro geeft, kun je morgen rijden." De dag erop tufte ik al rond. En zo ging dat met alles. De economie lag op z'n gat, maar de terrassen zaten altijd vol.'

Net als eerder bij Ajax moet ook Panathinaikos het van de Europese campagne hebben om het seizoen van enige glans te voorzien. In de eigen competitie steekt Olympiakos er met kop en schouders bovenuit. Maar waar de aartsrivaal uit Piraeus zich niet weet te plaatsen voor de poulefase van de Champions League, schoppen de groen-witten het zelfs tot de knock-outfase. 'Olympiakos werd in de voorronde uitgeschakeld door een ploeg uit Cyprus, Anorthosis Famagusta. Dat kwam natuurlijk hard aan. Datzelfde Anorthosis kwam toen bij ons in de poule, samen met Werder Bremen en Internazionale. Gingen wij tegen die Cyprioten ook het schip in, met 3-1. Omdat we het eerste duel ook al hadden verloren, met 2-0 van Inter, en in de derde wedstrijd 1-1 speelden tegen Werder, gaf niemand nog een drachme voor onze kansen in Europa. Na drie wedstrijden hadden we één punt. Maar drie duels later stonden we met tien punten opeens bovenaan in de groep. Wonnen we drie keer op rij, zonder een tegengoal. Het was bijna een wonder.'

Maar net als in de Arena, loopt er ook in het Apostolos Nikolaidis Stadion een plaaggeest rond die Van der Lem het leven zuur maakt. 'Het ligt ongetwijfeld aan mij, hoor, daar ben ik me van bewust. Technisch directeuren werken me gewoon op m'n zenuwen, dat zal het zijn. Deze heette Kostas Antoniou, een oud-speler van de club die in 2008 *director of football* werd; hij kwam ongeveer gelijk met ons binnen. Een vreselijke kerel. Die probeerde via mij Henk te bewegen om bepaalde spelers op te stellen of te vervangen. "Als ik nou in de rust aangeef welke spelers er gewisseld moeten worden, moet jij je daar hard voor maken bij Henk," liet hij me weten. Van mijn antwoord ("Ben jij in de war of zo?") schrok hij behoorlijk. Zo ging dat niet in Griekenland. Toen ik het Henk vertelde, wuifde hij het weg. "Laat maar gaan." Maar ja, Henk had er geen last van; die Kostas liep voortdurend tegen mij te zeiken. Toen hij merkte dat zijn invloed gering was, ging-ie dreigen. "Je moet doen wat ik zeg, anders zit jij hier niet lang." Alsof ik daar gevoelig voor was. "Dan flikker je me er toch lekker uit? Denk je dat ik daarmee zit?" Tja, dat had ik dan weer.'

Wanneer Antoniou merkt dat hij bij de assistent geen voet aan de grond krijgt, probeert hij het hogerop, en wel op een tamelijk confronterende manier. 'Hij kwam binnen, ging tegenover ons zitten en zei tegen Henk: "Jij bent de slechtste trainer die ik ooit heb meegemaakt. Je kan niet trainen, je kan geen goed elftal samenstellen, je kan helemaal niks." Henk bleef heel rustig. Ik wist echt niet wat ik hoorde. "Hé Kostas," zei ik. "Jij bent toch ook ergens trainer geweest? Was dat niet bij een club in de tweede divisie waar je na drie weken op de keien werd gesmeten? Dat zal niet zijn geweest omdat je zo'n uitstekende trainer was, toch?" Ik had mijn huiswerk gedaan. Maar ik was nog niet klaar. "Kostas, kijk eens goed om je heen. Want je zit in een kamer met twee trainers die de Champions League hebben gewonnen. Die de Wereldcup hebben gewonnen. Je mag blij zijn dat je met trainers van ons niveau mag werken, want zelf kun je niks." Man, man, de stoom kwam uit m'n oren. Henk moest me zelfs een beetje kalmeren. "Je durft wel een hoop te zeggen, hè?" reageerde Kostas. "Ja, dat durf ik best." En dat ging zo maar door. Toen hij weg was, vond Henk dat ik te ver was gegaan, maar ja, de aard van het beestje, hè? Zoals ik het voor Blind opnam bij Ajax, probeerde ik nu Henk uit de wind te houden, terwijl ze er zelf niet zo mee zaten als ik. Kritiek gleed zo van ze af, terwijl ik er juist opstandig van werd, zelfs als het niet eens mezelf betrof. Dat rebelse gedrag heeft me aardig wat baantjes gekost. Natuurlijk weet ik dat er iemand de leiding moet hebben, maar als die mensen niet eerlijk zijn, wordt er bij mij iets in gang gezet. Ik kan niet tegen oneerlijke mensen. Een ander kan z'n mond houden en er nog zes jaar zitten, mij lukt dat dus niet. Dat is een tekortkoming, maar ik kan mezelf wel recht in de spiegel aankijken. De consequentie is wel dat je nooit meer ergens voor wordt gevraagd. Louis, Danny en Henk hebben later nog wel leuke baantjes gehad, waaronder dat van bondscoach, maar ze keken wel uit om mij te bellen. Ik heb het ze nooit kwalijk genomen. Ik was veel te lastig, niet voor hen, wel voor de omgeving. Met gezag kan ik moeilijk omgaan.'

Tussen de twee kemphanen escaleert de situatie volledig aan het begin van het tweede seizoen, net nadat de club de eerste kwalificatieronde voor de Champions League heeft overleefd tegen Sparta Praag. De 3-1-nederlaag uit de heenwedstrijd wordt in eigen stadion overtuigend met 3-0 weggepoetst. 'Na de wedstrijd maakte ik bij de spelersbus een praatje met een journalist. Komt Kostas even later naar me toe met de mededeling dat het voor mij verboden was om met de pers te praten. "Van wie mag dat dan wel niet?" vroeg ik. "Van mij niet," zei Kostas. "En wie ben jij dan wel?" vroeg ik weer. "Ik ben je baas," zei hij. "Ik bepaal met wie jij mag praten." "Ik heb geen baas," liet ik hem weten. Nou ja, dat liep volstrekt uit de hand. En toen werd de strategie in werking gesteld waarvoor ik al was gewaarschuwd. Via mij werd de aanval op Henk ingezet. Ik moest op de club komen, waar Kostas me toevoegde dat hij me ging ontslaan. "Dat moet jij weten," zei ik. "En weet je: je doet me er nog een plezier mee ook. Want dan hoef ik niet elke dag meer naar die lelijke kop van je te kijken. Ik heb schoon genoeg van je." Goed, toen was het over en sluiten. Hij wilde me een kwart jaarsalaris meegeven, maar daar kwam niks van in. Het seizoen was net begonnen, ik wilde een heel jaarsalaris mee. Daar gingen ze niet mee akkoord. Het werd een zaak voor advocaten. Toen heb ik wederom de Van Praag-troefkaart op tafel gegooid. Dat ik het via de UEFA en de FIFA zou spelen, dat ze zich konden opmaken voor een Europese schorsing. Toen ik demonstratief uit dat onderhoud weg wilde lopen, kwam de advocaat achter me aan. Ik zou m'n geld krijgen als ik een briefje zou tekenen dat ik me verder zou onthouden van kritiek op de clubleiding, op straffe van een boete van 50.000 euro. Dat deed ik niet. Ze konden wel van alles gaan verzinnen, en dan moest ik vervolgens bewijzen dat ik het niet had gezegd. Dus ik bedankte vriendelijk, liep nu echt weg en zei bij de deur dat ik het wel door de UEFA zou laten behandelen en dat ik smartengeld zou eisen. Ik speelde hoog spel, maar ik was nog niet bij m'n auto of de advocaat stond weer voor m'n neus. Of we er niet als volwassen mensen uit konden komen. Ik heb uiteindelijk de ontslagbrief zonder verdere restricties getekend, het hele jaarsalaris werd gestort en ik kreeg ook nog 12.000 euro aan verhuiskosten. Alleen Henk vond het minder leuk: we waren samen aan het avontuur begonnen en onze vrouwen waren ook dik met elkaar. Maar ach, niet veel later begonnen ze aan de poten van zijn stoel te zagen. Henk zette in eerste instantie de hakken in het zand, maar toen begon het intimideren. Lieten ze in zijn straat zo'n SUV heen en weer rijden met ongure types erin. Het is gewoon maffia. Henk was zo bang dat er iets met z'n gezin of hemzelf zou gebeuren, die pakte drie maanden later ook z'n verlies, net als Mike Snoei. Yannis Anastasiou, die we ook aan de staf hadden toegevoegd, is gebleven, die is later nog hoofdtrainer geworden. Mooie club, vervelende mensen.'

Hoofdstuk 47

In zee met Shota

In het voorjaar van 2010 geniet Van der Lem aan de Costa Blanca van het rijke Spaanse leven, wanneer Shota Arveladze hem belt. Op dat moment nog assistent-trainer van AZ, maar met een Turkse aanbieding op zak. 'De man die hem ooit als speler vanuit Georgië naar Trabzonspor haalde, had nu een functie bij Kayserispor. En die wilde Shota graag als hoofdtrainer hebben. Hij wilde een ervaren assistent, had in eerste instantie Martin Haar gepolst, maar die wilde niet weg bij AZ. Martin gaf Shota de tip om mij te bellen. Ik had weinig aspiraties meer om ergens hoofdtrainer te worden, liep inmiddels tegen de zestig, dus ik zag weinig problemen. En ik wilde Shota best helpen, hij was een fijne vent.'

Ver verwijderd, ook letterlijk, van topclubs als Galatasaray, Fenerbahçe en Besiktas, behoort Kayserispor tot het grote segment aan Turkse clubs dat veelal in de middenmoot bivakkeert, zonder hoogte- of dieptepunten, met als uitzondering de bekerwinst van 2008. 'Het ligt midden in Turkije, aan de voet van de berg Erciyes, er viel niet zo heel veel te beleven. Ik had wat dikke boeken mee, die heb ik allemaal uitgelezen, sommige twee keer. Af en toe ging ik die berg op, die was 3000 meter hoog. Lekker koel was het daar, bovenop lag eeuwige sneeuw. Zelfs in de zomer kon je er skiën.'

Gelukkig is er ook wat afleiding in de vorm van voetbal. Kayserispor draait een prima seizoen in de Süper Lig en is tot het einde toe verwikkeld in de strijd om Europees voetbal, waar het uiteindelijk net naast grijpt. Maar de zesde plek is boven verwachting. En de in de winterstop van PSV overgenomen Nordin Amrabat ontwikkelt zich zo goed bij Kayserispor, dat hij er medio 2012 een transfer naar Galatasaray mee verdient. Ook Van der Lem voelt zich senang in Centraal-Anatolië, maar moet in de zomer van 2011 de club toch halsoverkop verlaten. 'Mijn oudste dochter Fanny had weer een zware bevalling. Net als de eerste keer kwam ook deze baby veel te vroeg. Vorige keer zat ik op Cyprus toen het gebeurde, nu wilde ik er per se vanaf het eerste moment bij zijn. Ik was harder hier nodig dan in Turkije, vond ik. Dat heb ik Shota ook laten weten. Hij vroeg of ik nog een goede assistent wist, toen heb ik Jan Nederburgh aanbevolen. Ik kende Jan uit mijn periode in Saoedi-Arabië; een goede, trouwe assistent met hart voor de zaak. Shota was er blij mee.'

Hoofdstuk 48

Intermezzo bij de sultan

De geboorte van zijn tweede kleindochter, die twee maanden te vroeg ter wereld komt, is een dubbeltje op z'n kant, maar uiteindelijk komt alles goed. 'We hebben die twee een tijd in huis gehad, dan besef je dat er belangrijkere dingen zijn dan voetbal. Ik vond en vind het heerlijk om opa te zijn.'

Toch worden de grootouderlijke avonturen even onderbroken wanneer een oude vriend zijn hulp inroept. De in Oman verzeild geraakte Martin Koopman houdt zijn ogen en oren goed open in het sultanaat. Wanneer de trainer van Al-Nasr SC verneemt dat de tweede club van Salalah een trainer nodig heeft, weet de oud-speler van Go Ahead Eagles, FC Twente en SC Cambuur wel een geschikte kandidaat. 'Toen kreeg ik de voorzitter van Dhofar aan de lijn, de andere club uit Salalah. Hij vertelde dat ze dringend om een trainer verlegen zaten, en dat Martin me had aanbevolen. Hij zou het een grote eer vinden als de voormalig bondscoach van Saoedi-Arabië dat klusje op zich zou willen nemen. O ja, en geld was er niet. Maar ach, ik vond het best gezellig om samen met Martin in Oman te zitten. Ik was er weleens eerder geweest met Margot, even een weekje weg uit Saoedi-Arabië. Het was een soort arme versie van de Emiraten, maar de mensen waren er tien keer vrolijker. En nooit trammelant. Wat er in buurland Jemen gebeurt, met oorlogen en ellende, dat zal in Oman nooit gebeuren. Toen we destijds terugvlogen van hoofdstad Masqat naar Riyad zat het hele vliegtuig vol met gastarbeiders. Ze moesten allemaal een formuliertje invullen voor ze Saoedi-Arabië in mochten, maar de meesten konden niet lezen of schrijven. Stond er een heel rijtje voor mijn vliegtuigstoel, heb ik al die formuliertjes in zitten vullen.'

Ook dit keer is het verblijf in Oman geen lang leven beschoren. De prestaties zijn heel behoorlijk, daar ligt het niet aan. Sterker, daar ligt zelfs de oorzaak van het probleem. 'Van onze vereniging werden zes spelers geselecteerd voor het olympisch elftal. Nou, prachtig natuurlijk. Ik belde de voorzitter nog op om hem te feliciteren, dat team was heel belangrijk voor het land. Dat bleek ook wel, want ze gingen vervolgens een maand op trainingskamp. "Ligt de competitie dan zo lang stil?" vroeg ik nog, maar dat vond de voorzitter een rare vraag. "Nee. Hoezo? Die gaat gewoon verder." Dus het kwam erop neer dat ik mijn beste spelers kwijtraakte, terwijl de competitie gewoon verderging. En ik was de enige die dat raar vond. Ik informeerde ook zelf nog even bij de bond, maar die viel ook niet te vermurwen. De sultan had het zo beslist, en zijn wil was nu eenmaal wet. "Goed, dan stop ik ermee," liet ik de voorzitter weten. Zo amateuristisch had ik het nog nooit meegemaakt. Ik had de indruk dat hij ook niet heel erg zijn best deed om de bond en de sultan op andere gedachten te brengen. Dus pakte ik mijn biezen en ging terug naar huis, waar ik een paar dagen later nog wel een belletje van de voorzitter kreeg dat de maatregel was teruggedraaid. En of ik niet alsjeblieft terug wilde komen. Ik heb hem uitgelegd dat ik niet *crazy Henkie* was. Tot zover Oman. Martin was er niet blij mee, veel minder althans dan het moment waarop ik binnen een dag na aankomst wifi voor ons had geregeld.'

Hoofdstuk 49

Terug in Kayseri

Een andere oude bekende heeft meer succes in zijn pogingen om Van der Lem te verleiden tot een rentree. In de voorbereiding op het seizoen 2012/2013 hangt Shota Arveladze aan de lijn om zijn favoriete assistent te bewegen terug te keren naar het nog immer weinig bruisende Kayseri. Het tweede seizoen van Arveladze is moeizamer verlopen dan het eerste, in de rangschikking wordt de ploeg vijf plaatsen teruggeworpen naar een elfde plek. 'Maar Jan Nederburgh was zijn rechterhand, die wilde ik niet voor de voeten lopen. Met de manager kwam ik overeen om de jeugdopleiding verder te professionaliseren, het hoogste jeugdelftal ging landelijk spelen, er was best wel wat te doen. We hebben er zes trainers uit gegooid, er vier goede voor in de plaats gezet en af en toe ging ik bij Shota kijken of alles goed ging.'

De oud-spits heeft het zwaar op dat moment. Van de eerste zes duels wordt er maar één gewonnen; met vier punten staat de club eind september voorlaatste. Het is meer dan de clubleiding kan verdragen. Arveladze mag op zoek naar een andere baan. 'Haha, meestal vloog ik er als eerste uit. Nu stopte niet alleen Shota, maar ook Jan en twee andere assistenten waren de klos. Mij wilden ze graag houden, ik wist niet wat ik meemaakte. Maar ik had natuurlijk weinig zin om in m'n eentje achter te blijven in Kayseri. Bijna niemand sprak er Engels, de communicatie verliep heel moeizaam. De voorzitter wilde dat ik het eerste ging doen, maar dan eiste ik er wel een assistent bij. Dat vond hij niet nodig. Ik was ondertussen vijf dagen in Nederland geweest, en toen ik weer terugkeerde vond hij dat een goede reden om ook van mij af te komen. Want ik had mijn reis niet officieel bij hem gemeld. Maar in mijn contract stond dat ik dat enkel moest bespreken met de hoofdtrainer. Dat had ik gedaan, maar die was er niet meer. Dan hadden ze hem maar niet moeten ontslaan. Tja, ik had geen zin om me daar nog allemaal druk over te maken. Dus heb ik zelf maar mijn contract ingeleverd. Het geld dat ik nog kreeg, mochten ze ook houden. Ik was er wel klaar mee.'

Tot Van der Lems verbazing vindt Arveladze meteen nieuw emplooi. 'Shota maakte een doorstart bij Kasimpasa in Istanbul. Jan en de assistenten gingen ook mee. Ik kreeg geen belletje. Lullig, maar ik ga er niet om bedelen. Ik denk altijd dat er een soort van handjeklap is gespeeld, maar ik heb er geen bewijs voor. Ik heb Shota er ook nooit meer over gesproken, dat zouden we nog een keer moeten doen. Ach, hij is alweer een paar clubs verder, in vijf jaar tijd is-ie vaker ontslagen dan ik in m'n hele leven.'

Hoofdstuk 50

Een belletje van Khadaffi

Bij terugkeer uit Turkije blijft het lang stil. Het lijkt erop dat Van der Lem het door zijn opstandige gedrag een beetje heeft verbruid bij clubs en bevriende trainers. Maar hoewel hij een leven met gezin, familie en vrienden prima te verteren vindt, is zijn hang naar nieuwe avonturen nog niet geblust. Er zijn echter nog weinig personen over in zijn netwerk die zijn karaktertrek – de overgevoelige antenne voor onrechtvaardigheid – voor lief nemen. En de coach hoeft ook niet meer zo nodig. Hij heeft last van verschuivende prioriteiten, zeker wanneer de vage belletjes uit evenzo schimmige uithoeken van de wereld komen. 'Ik ben nog wezen kijken bij clubs in Saoedi-Arabië en in Egypte. Bij de eerste club was een voormalige jeugdspeler die ik onder m'n hoede had gehad opgeklommen tot speler van het nationale elftal en die had een goed woordje gedaan bij de clubleiding. Maar ja, dan zag ik een hele tijd m'n kinderen en kleinkinderen niet meer, dat had ik er niet meer voor over. In Egypte kreeg ik een waslijst aan voorwaarden voorgeschoteld. Ik moest en zou in een hotel, een gewoon huis was te gevaarlijk. Ik kreeg een auto van de club, iedere dag zou ik worden opgehaald door een gewapende chauffeur, anders zou het te tricky worden. Ik heb ze meteen verteld dat ze door mijn naam een kruis konden zetten. Al dat gedoe was het me niet meer waard.'

En anders is er altijd nog zijn Margot die Van der Lem behoedt voor verkeerde keuzes. Zoals die keer dat hij serieus nadenkt over een aanbod van de zoon van dictator Khadaffi om bondscoach van Libië te worden. 'Dat was niet zo lang voordat het regime omver werd geworpen. Dat was die zoon die ook nog in Italië had gevoetbald, bij Perugia. Die was nu voorzitter van de Libische voetbalbond. Daar hoorde je de wildste verhalen over, maar ik heb het aanbod niet meteen geweigerd. Margot was er een stuk duidelijker over. "Als je met die gasten in zee gaat, ben je mij kwijt." Ze herinnerde me ook aan de taferelen in Saoedi-Arabië en dat het daar nog veel erger zou worden. Nou, daar heeft ze gelijk in gekregen. Dus heb ik de zaak afgeblazen. Gelukkig maar, anders had ik later ook naast Khadaffi in een greppel gelegen.'

Het laatste serieuze aanbod dateert uit het voorjaar van 2017, wanneer de Tunesische vereniging Club Sportif Sfaxien contact met hem zoekt. 'Het seizoen liep al op z'n einde. Met de president, Moncef Khemakhem, had ik telefonisch overeenstemming bereikt over een tweejarig contract. Ik zou aan het eind van de competitie zelf nog twee wedstrijdjes bekijken, dan kon ik het seizoen erop aardig voorbereid beginnen. Kreeg ik op zaterdag een telefoontje, of ik de krant al had gelezen. Ik las best wel wat kranten, maar daar zaten geen Tunesische tussen. Bleek dat die voorzitter zich een dag eerder had misdragen tijdens een wedstrijd van Sfaxien. Hij was van de tribune gekomen om een grensrechter een klap te geven, omdat hij het niet eens was met een gegeven strafschop. Werd-ie door de bond voor het leven verbannen van de velden. Hij mocht in geen enkele functie meer werkzaam zijn binnen het Tunesische voetbal. Zo kwam mijn afspraak op een bizarre manier te vervallen.'

Hoewel hij er niet om staat te springen, zou hij best nog wel een klusje ter hand willen nemen. Bondscoach van een B- of C-land bijvoorbeeld, van pakweg Vietnam of Indonesië. 'Dat je korte periodes werkt en daartussen veel tijd over hebt voor vrouw en (klein)kinderen. Ik heb me nooit te groot gevoeld voor tweederangs voetballanden of clubs; ik wilde het avontuur ervaren, ik wilde verhalen kunnen vertellen. Ik had niets willen missen, zelfs Saoedi-Arabië niet. Dat doet het toch altijd goed op feesten en partijen: dat ik ooit een *high target-profile* voor Al Qaida was, haha. Dat kun je je toch niet voorstellen? Nee, alles wat ik heb gedaan, heeft m'n leven verrijkt.'

Dus wil hij zichzelf nog niet typeren als trainer in ruste. 'Maar als er nooit meer wat komt, heb ik er wel vrede mee. Ik heb al een geweldig leven achter de rug, ben niet rijk qua geld, maar wel rijk in de zin van alle indrukken en culturen die ik heb opgesnoven. Ik heb een leuk appartementje in

Altea, daar zitten we normaal gesproken een maand of vijf per jaar. We gaan nu door een moeilijke tijd omdat bij mijn dochter Fanny kanker is vastgesteld. Ongelooflijk pijnlijk – het kan toch niet zo zijn dat je kind eerder afscheid neemt van het leven dan ik? Dat is een ondraaglijke situatie. Je wilt niet dat je kind dat hebt. Had ik het maar, denk ik voortdurend. Laten we hopen dat het goed komt. Daar gaan we alles aan doen. Alles.'